LOS PADRES PERFECTOS NO EXISTEN

Isabelle Filliozat

Los padres perfectos no existen

Educar a nuestros hijos sin culpabilidad

U R A N O
Argentina – Chile – Colombia – España
Estados Unidos – México – Uruguay – Venezuela

Título original: *Il n'y a pas de parent parfait*
Editor original: JC Lattès, París
Traducción: Francisco J. Ramos Mena

Aribau, 142, pral. – 08036 Barcelona
www.edicionesurano.com
www.mundourano.com

ISBN: 978-84-7953-699-2
Depósito legal: NA. 2.139 - 2009

Fotocomposición: A.P.G. Estudi Gràfic, S.L. - Torrent de l'Olla, 16-18, 1º 3ª
08012 Barcelona
Impreso por Rodesa S.A. – Polígono Industrial San Miguel
Parcelas E7-E8 – 31132 Villatuerta (Navarra)

Impreso en España – *Printed in Spain*

Dedicado a usted, señora, aquella que, a la salida de una de mis conferencias, se acercó a decirme:

«No me he atrevido a hablar delante de todo el mundo, pero tenía que decírselo. Nunca he querido a mi hija, que ya tiene doce años. Cuando me pregunta que si la quiero, le miento. No puedo decirle sin más que no la quiero, porque en el fondo tampoco es así. Durante la conferencia, una persona ha llegado a decir que cada uno quiere a su manera, pero yo sé bien que jamás he podido querer a mi hija, y eso me hace sufrir. Usted es la primera persona a quien me atrevo a decírselo. Gracias por haber dicho que era posible que una madre no quisiera a sus hijos. Usted me ha hecho comprender lo que me ha impedido querer a mi hija. Me ha devuelto la esperanza. Gracias en su nombre y gracias también en el mío propio.»

Gracias a usted por habérmelo dicho, animándome a atreverme a hablar claro sobre este tabú. Querer no es nada sencillo...

Índice

PARTE II. Circunstancias que nos hacen perder los nervios

PARTE III. Cuestión de edades

PARTE IV. Cuaderno de prácticas

Introducción

Ser padre es una gran aventura. Es algo fabuloso... y, atrevámonos a decirlo, también es algo muy agotador tanto física como emocionalmente. Todos soñamos con los hijos que tendremos algún día. Y luego los niños nacen. Y aunque nuestras expectativas se vean sobradamente cumplidas porque nos hacen muy felices, ello no quita que algunas veces nos sintamos desesperados e impotentes. A menudo los nuevos padres se sienten indefensos ante la intensidad de los sentimientos de afecto que les invaden y la complejidad del nuevo mundo en el que están entrando.

Laurence, que trabaja como asistente maternal, jamás habría imaginado que llegaría a desestabilizarse hasta tal punto. Paciente, asequible y competente con los hijos de los demás, no puede menos que sorprenderse porque su hija la saca de sus casillas. El hecho de no poder ofrecerle a Lola lo que tanto ha dado a otros la desespera, y se juzga a sí misma negativamente: «No soy una buena madre».

¡Los hombros de los padres tienen que soportar el peso de tantas cosas...! Son los responsables de la educación, de la protección y de la salud de sus hijos. ¡Y hasta llegan a creer que son los encargados de garantizarles la felicidad y el éxito!

«¡Qué suerte tiene usted!», exclama la gente cuando se entera de que los hijos de los otros han acabado sus estudios y se han casado. ¡Como si fuera tan simple! Pero la verdad es que la inmensa mayoría de los padres, incluidos los que parecen haber tenido «mucha suerte», han sufrido y dudado, y han tenido que enfrentarse a circunstancias de oposición, crisis y fracasos. El mito del hijo perfecto, y del padre que sabe lo que tiene que hacer para conseguir que lo sea, sigue viviendo en los numerosos textos que explican «qué hay que hacer para que un hijo salga bien, como si fuera cómo hacer bien la receta del pastel de chocolate».*

Si el hijo no satisface nuestras expectativas, si no es perfecto, podemos llegar a albergar resentimiento contra él por causa de la imagen deformada que nos transmite de nosotros mismos. Porque nuestro hijo es un poco como nuestro espejo. Tendemos a considerarlo como una prolongación y como una parte de nosotros. Proyectamos en él lo que somos ahora y esperamos que llegue a ser la persona que nos habría gustado ser. Representa nuestro yo idealizado. Inconscientemente, le encargamos la tarea de restaurar nuestra imagen, y por tanto, cualquier decepción nos hiere profundamente. Somos particularmente sensibles respecto a sus éxitos y sus fracasos, y, aunque no siempre sepamos darnos cuenta, a veces nos cuesta tomar la distancia necesaria respecto a las peticiones, trastadas o transgresiones de nuestros hijos, y hasta en lo referente a sus necesidades. Nuestros actos no siempre son ni adecuados, ni pedagógicos.

Así pues, educar no es algo fácil. En esta tarea, apenas sirve de nada la ayuda de los «expertos», de esos pediatras, psiquiatras infantiles y otros psicólogos que sueltan sentencias con aire de saberlo todo, unas sentencias que, por otro lado, fluctúan a mer-

* Comentario de Jacqueline Costa-Lascoux, presidenta de la FNEPE, politóloga, directora de investigación en el CNRS en *L'École des Parents*, abril-mayo de 2006, n.º 557.

ced de las modas. Por ejemplo, «El arte de cuidar a los bebés»* varía según las épocas. «Se debe acostar al recién nacido sobre el vientre.» «¡Sobre todo, nada de almohada! ¡Puede asfixiarse!» «¡Ni hablar! ¡Hay que acostarlo sobre la espalda!» «De eso nada, es peligroso. Si regurgita el alimento, acuéstelo de lado...» Y lo mismo ocurre con cada acto cotidiano; es decir, con el modo de transportarlo, la lactancia, el sueño... No resulta fácil hacer frente a la culpabilidad cuando no se siguen las prescripciones de moda. ¡Sobre todo cuando otros padres parecen desenvolverse de maravilla! ¡Las familias de los demás parecen tan armoniosas...! Sus hijos son encantadores, se comportan estupendamente y van bien en la escuela... Al final, otra vez estamos ante el mito del hijo perfecto. En especial las madres son las que más tienden a compararse con las demás y a culpabilizarse; en cambio, por lo general los padres son conscientes de «que están debutando en ese oficio» y, aunque cada vez están más con el bebé y asumen más responsabilidades, rara vez se sienten obligados a conocerlo y a dominarlo todo.

Antes, las cosas eran más sencillas: los niños tenían que obedecer, y, si no lo hacían, se les castigaba. Los padres no dudaban en utilizar la fuerza. Les pegaban y castigaban, y lo encontraban justo. Los golpes y las humillaciones no estaban considerados como actos de violencia, sino como métodos educativos normales. Las cosas eran simples porque nadie las cuestionaba. Los padres tenían el derecho y el deber de corregir a sus hijos. Somos herederos de una tradición educativa basada en la violencia, cuya eficacia se ha puesto de manifiesto convirtiéndonos en seres agresivos o depresivos, y en cualquier caso desgraciados. Las escasas voces

---

* Según el título de un libro de Geneviève Delaisi de Parseval y Suzanne Lallemand, Ed. Odile Jacob, 1998.

que se alzaban contra la crueldad de esas prácticas y sus funestas consecuencias para las personas se vieron reducidas al silencio, y lo único que queda es la idea de que los hijos de antes se portaban mejor.

«Los puntos de referencia han desaparecido», se suele decir hoy en día, aunque dichos puntos de referencia no fueran más que ignorancia e incluso ceguera. Pero a decir verdad, cuanto más estudiamos la psicología del niño, menos certezas tenemos. Las necesidades de un niño varían en el curso de su desarrollo, son múltiples, y su psiquismo es mucho más complejo de lo que imaginábamos. En otros tiempos, se creía que el bebé no era más que un tubo digestivo y se le trataba como tal. En nuestros días, se sabe que es una persona, a la que, por desgracia, no siempre sabemos tratar como tal. Somos conscientes de que algunos de nuestros comportamientos respecto a nuestros hijos les hacen daño y les causan tristeza. Cada vez es más difícil creer en que un azote dado a tiempo es algo bueno, y no podemos seguir engañándonos pensando que los castigos que infligimos a nuestros hijos serán eficaces de una u otra manera.

Algunos dicen que los niños de antes eran más tranquilos, más dóciles, más obedientes... Pero miremos las cosas de frente: las quejas de los padres en lo que respecta a la falta de respeto y al olvido de las tradiciones por parte de sus hijos no son de ayer. «Nuestro mundo ha llegado a un punto crítico. Los hijos ya no escuchan a sus padres. El fin del mundo no puede estar lejos», decía hace dos mil años un sacerdote egipcio. En las paredes de Pompeya, todavía pueden verse pintadas con insultos a los profesores. «Nuestros jóvenes son unos maleducados. Se burlan de la autoridad y no muestran ningún respeto respecto a los ancianos. Los chicos de hoy no se levantan cuando un viejo entra en una habitación. Contestan a sus padres y charlan en vez de trabajar. Sencillamente, son malos», decía Sócrates (470-399 a. de C.). La violencia en la escuela y la falta de respeto de los jóvenes hacia los menos jóvenes no son para nada un fenómeno nuevo. En todas las épocas los adultos se han quejado de ello. La idea de que «antes las cosas eran mejores» es una cuestión de perspectiva, que depende de la ilusión de cada uno. Antes, a los niños se le dejaba solos, a su aire, con el perro. ¿Acaso contribuía eso a la estructuración del comportamiento más que el ordenador, la consola, el televisor y otras pantallas con las que se les deja hoy en día? En la escuela, los niños revoltosos trataban de usted a los profesores, pero lanzaban muchas bolitas, manchaban las paredes de los váteres con dibujos obscenos y acosaban a las chicas en los aseos. Hace cuarenta, treinta e incluso veinte años, a pocos niños se les escuchaba y se les respetaban sus necesidades. ¡He tenido la ocasión de oír tantos testimonios de soledad, de heridas y de profundo aburrimiento...!

En nuestros días, en los albores del tercer milenio, ser docente en una escuela no es fácil. Es un hecho. Los jóvenes de ayer se callaban en presencia del adulto, pero los alumnos de hoy esperan más: ya no sólo se conforman con escuchar al profesor. Si se aburren, lo ponen de manifiesto. Pero en mi opinión, eso no se debe a que sus padres no les hayan puesto límites.

En todas las épocas ha habido la creencia de que se estaba produciendo una crisis de autoridad, el síndrome del «niño rey». Aunque algunos padres sean libertarios por convicción, laxistas por defecto de afirmación o sobre todo de presencia, en Francia, por ejemplo, la inmensa mayoría de las familias siguen siendo autoritarias. Las estadísticas* no pueden ser más claras: ¡el 84 % de los padres franceses todavía pegan a sus hijos para hacerles obedecer y el 30 % lo hacen de un modo muy severo! E incluso

* Encuesta SOFRES realizada en 1999 por la asociación «Educar sin pegar». Sólo el 16 % de las personas preguntadas que tenían hijos nunca les pegaban, el 33 % lo hacían raras veces, y el 51 %, a menudo.

los estudios* parecerían apuntar hacia un aumento de la violencia paterna debido al estrés y al agotamiento de las madres.

En nuestros días, la actitud denominada permisiva suele ser objeto de críticas; se suele decir que hemos respetado demasiado a nuestros hijos, confundiendo el respeto al niño con el temor a que éste manifieste su oposición o simplemente sus emociones. Numerosos pediatras y hasta psiquiatras se han convertido en abogados de volver a implantar la autoridad e incluso los castigos corporales. Y aunque esta reflexión sea un tanto reciente, no por ello ha dejado de conseguir un cierto éxito, cuyas razones las comprenderemos a partir del próximo capítulo.

Si hay crisis de autoridad, se trata más de nuestra falta de autoridad interior y de una falta de conciencia de nosotros mismos que de un defecto de autoritarismo. Como veremos más adelante, cuanto más autoritarios se muestran los padres, menos seguros de sí mismos están. A los niños de ayer se les educó en el temor, y ciertamente los de hoy tienen menos miedo, están más informados y más estimulados, y no tienen ninguna necesidad de que sus padres vuelvan a ser más autoritarios.

La vida psíquica de los niños es compleja, y la de los adultos, también. La relación entre ambos lo es más todavía. Nuestros hijos dicen mucho de cómo somos nosotros. ¿Quiénes son? Su historia empieza con la nuestra. El niño lleva en sí mismo todo su árbol genealógico. Está habitado por la historia inconsciente de la familia y manifiesta emociones que algunas veces se han visto negadas durante varias generaciones. Nuestras reacciones ante ello no pueden ser neutras, ya que, consciente e inconscientemente, sus emociones están influidas por las nuestras. Como nuestros

* www.naturalchild.org

actos les afectan, ellos reaccionan, y luego nosotros reaccionamos ante sus reacciones... Es imposible no tener en cuenta este círculo si se quiere comprender lo que pasa entre ellos y nosotros.

Cualquier doctrina simplista se basa en el «es necesario» y en el «hay que», excluyendo la dimensión del inconsciente que desde ese momento se vuelve sospechosa. Entre un padre y su hijo pasan todo tipo de cosas. En general, el análisis de los defensores de la vuelta a la autoridad sólo contiene la dimensión fenomenológica; es decir, la que pertenece al orden de lo observable. Pero la educación de un hijo implica a muchas personas. Normalmente creemos que es cosa de dos; es decir, del padre y de la madre, pero por lo menos hay cuatro personas más que influyen directa o indirectamente en el hijo: los abuelos. ¿Quién no se ha asombrado alguna vez al verse utilizar el mismo tono autoritario, los mismos insultos o descalificaciones que sus padres, a pesar de haberse comprometido a no pronunciarlos jamás de tan hirientes que fueron? En ocasiones nos encontramos dominados por conductas automáticas que son superiores a nosotros y nos sentimos desarmados ante nuestras propias reacciones.

En los manuales dedicados a dar consejos a los padres se omite con demasiada frecuencia la dimensión sistémica. Relación con el hijo, pero también entre el padre y la madre, entre estos últimos y sus propios padres, y con los respectivos suegros. Sin olvidar la fuerza del inconsciente, lo que no se dice, los secretos, las emociones inhibidas, los rencores y los dolores inexpresados que hay en la familia. Todo ello desempeña un papel.

El niño interior de los padres también entra en juego; es decir, lo que éstos eran cuando eran pequeños. Frente a nosotros, ni que sea inconscientemente, nuestro hijo nos recuerda lo que un día fuimos. El nacimiento de un bebé nos remite al origen de nuestra propia historia. Nuestras emociones se entremezclan; basta con una herida que ha permanecido abierta de un modo inconsciente y el nudo pasa a ser inextricable. Todo aquello que hasta entonces se había mantenido en silencio dentro de nosotros se pone a gritar. Nuestra propia infancia reaparece a través de manera retrospectiva, o aún peor, fuera de nuestra conciencia, alterando nuestras percepciones y guiando nuestras actitudes hacia nuestros angelitos.

Hay muchas clases de padres. Algunos aceptan enfrentarse a los abismos de perplejidad frente a los que los colocan sus retoños. Otros simplifican la cuestión optando por el autoritarismo, pero con el regusto de «no me imaginaba a mí mismo siendo padre de esta manera».

¿Qué es lo que determina el estilo educativo por el que vamos a optar? Desde el nacimiento hasta los dieciocho años, la educación de los hijos es un tema que monopoliza las conversaciones. Están los aficionados a los cachetes, los que creen ciegamente en los límites y los que recomiendan escuchar al niño. Los que castigan, y los que prefieren sancionar y responsabilizar. Los que imponen un orden estricto y los que abogan por la democracia familiar. Los que lo dejan llorar y los que enseguida acuden a consolarlo. El paisaje paterno es muy variado. ¿Cómo orientarse? ¿Cómo saber qué es lo más acertado?

En realidad, hoy contamos con muchas más referencias que en el pasado. Sabemos muchísimas cosas sobre el crecimiento y las necesidades del hijo, y sobre su cerebro y su inteligencia, pero también sobre su afectividad. En sus laboratorios, los científicos han llevado a cabo múltiples observaciones y experiencias, descubriendo cosas que ponían en entredicho las antiguas creencias. Pero a pesar de que han puesto en evidencia las ventajas y los inconvenientes de los diferentes métodos educativos, es como si sus estudios no se hubieran leído o entendido, y cuando lo son, no es raro que se contemplen con una pizca de ironía. ¡La ciencia molesta! No queremos nuevas indicaciones que cuestionen nuestras costumbres, y que a veces nos lleven a sentirnos mal. Preferimos continuar apegados a nuestras creencias, denigrando los resultados obtenidos por los investigadores.

En pocos ámbitos como en éste circulan tantos tópicos trasnochados. En la esfera de la educación, lo irracional todavía sigue reinando. ¡Y eso es así hasta entre los expertos, como los psiquiatras infantiles o los psicólogos, de los que cabría esperar que fueran más científicos! Cada uno se centra en su análisis personal y se permite enunciar leyes como si fueran evidentes, mientras que ignoran las estadísticas y los estudios comparativos sobre la cuestión. Pero, antes de juzgarnos, vayamos un poco más lejos en la comprensión de este fenómeno, porque hay razones que explican este estado de cosas.

En términos de educación, cada persona tiene unas ideas muy arraigadas, aunque probablemente las vaya cambiando muchas veces en el transcurso de su existencia, sobre todo si tiene hijos. Cada gesto cotidiano tiene sus «pros» y sus «contras». En las parejas, éste es el tema más conflictivo, y hasta puede suceder que los desacuerdos los conduzcan al divorcio. Esta cuestión perturba también las relaciones entre los padres y los suegros. Las convicciones de cada uno se expresan por medio de un silencio educado o son el detonante de vivas discusiones, hasta el punto de que en las reuniones familiares este tema pasa a ser sagrado. Es imposible discutirlo tranquilamente. Las posiciones parecen inconciliables y la energía que se gasta en defenderlas es desmesurada. La virulencia de los debates sorprende. ¿Por qué tanto ardor?, pues porque, más allá de las teorías, está nuestra propia historia. Tanta pasión tiene sus razones. Aunque indudablemente nuestros comportamientos paternos estén modelados por las tendencias de nuestra época, y por las imposiciones de los pediatras y los psiquiatras de moda..., no deja de ser un barniz superficial. A menudo entre lo que decimos y lo que hacemos hay un abismo. Admitámoslo, nuestras actitudes educativas tienen poco que ver con la ciencia, la experiencia o la razón. A algunos eso les hace sufrir, y leen, se informan y buscan. Otros, porque no consiguen hacer frente a la incomodidad que lleva vinculada esta contradicción porque se sienten más heridos o porque todavía no han logrado identificar sus heridas, rechazan sus emociones y se construyen un frente vinculado a sus afectos. Es como si actuáramos según nuestros valores, cuando, en realidad, nuestros valores se adaptan a nuestro modo de actuar.

A veces, todo va bien; la familia nada en una felicidad compartida. Pero de repente la cosa cambia. Un comportamiento o una palabra del hijo basta para desencadenar un tornado: «¿Qué me ha dicho ese mocoso?» La relación con los hijos está marcada por altos y bajos vertiginosos. Si los primeros se les explican a los amigos, a la familia y se asocian con cosas alegres, los segundos se pasan más o menos en silencio porque nos culpabilizan y son demasiado dolorosos.

Como no tienen a nadie con quien hablar y a quien confiarse sin que se les juzgue, los padres con reacciones impulsivas corren el peligro de encerrarse en su propio secreto, y de caer en la trampa de una dinámica que puede empujarlos al maltrato infantil. A otros, que se niegan a ser violentos, lo que les ocurre les puede hacer caer en una fuerte depresión. Están los que deciden ponerse en manos de un psicoterapeuta, y los que no hablan —ni consigo mismos— de lo que pasa en su interior. Contentándose con evitar la intimidad con sus hijos, se encierran en una política educativa rígida, van entrando en un estado depresivo o se vuelcan doblemente en su trabajo.

Admitámoslo, a veces, nuestros queridos hijitos nos vuelven locos. De bebés, no duermen como está previsto, regurgitan la leche, lloran sin razón aparente durante horas... Cuando son un poco más mayores, se revuelcan por el suelo, se niegan a ponerse los zapatos, muerden a su hermano pequeño... De la escuela nos traen notas catastróficas y observaciones desagradables por parte de los profesores. Siempre tienen la habitación como una leonera, que a veces se extiende hasta el salón. En la época de la adolescencia, cuando las hormonas hacen de las suyas, nos obsequian con oleadas de mal humor, y luego se encierran a cal y canto en su habitación con la música a todo volumen...

Pero todo eso ya lo sabíamos, y aunque nos decíamos que lo haríamos mejor que los demás, mejor que nuestros propios padres..., al final, nos desengañamos. La vida con los hijos es una dura prueba para los nervios: el ruido de sus gritos, el desorden, sus necesidades nunca satisfechas, su resistencia ante nuestras demandas... Ciertamente, es algo agotador. Pero ¿qué es lo que nos aleja de nuestros hijos hasta el punto de que a veces su simple presencia nos resulte estresante? Querer a los hijos no es nada sencillo. ¡Hay tantas complejas dinámicas que se entrecruzan para complicar las cosas...! Habría que empezar a profundizar en este tema. Por otro lado, resulta inútil escribir un enésimo libro sobre la educación, plagado de «es necesario...» y de «hay que hacer...». En primer lugar se trataría de arrojar un poco de luz sobre los resortes inconscientes que se hacen con el poder. ¿Cómo nos sentimos nosotros, los padres, por causa de las tonterías, decepciones y transgresiones de nuestros hijos, pero también respecto a sus emociones y necesidades?

En mi calidad de madre, me he observado y me hecho muchas preguntas a mí misma. Como psicoterapeuta, he escuchado a muchos padres cuyas reacciones iban de un extremo a otro. Padres indefensos frente a la intensidad de la violencia de la que a veces eran rehenes, padres sorprendidos por sus propias actitudes, parejas desgarradas por sus diferencias sobre las cuestiones educativas, padres llorosos, padres enfurecidos, padres inquietos... En estas páginas he querido decir lo que comúnmente se mantiene en silencio. Los fenómenos causantes de la repetición de la historia de cada uno son bien conocidos, pero rara vez se habla de ello. Se suele estigmatizar a los «malos padres»; sin embargo, mi intención es bien distinta. Lejos de juzgarnos como buenos o malos, se trata de comprender mejor lo que se está tramando dentro de nosotros y que nos impide ser el padre que nos gustaría ser. El objetivo de este libro es proponer pistas para que cada padre pueda ser dueño de sus comportamientos.

La obra se divide en cuatro partes:

- Dramatización, culpabilización, reacciones impulsivas, justificación... En primer lugar estudiaremos lo que nosotros sentimos ante nuestros hijos. Para la inmensa mayoría de padres, los hijos son lo más preciado de este mundo. La sonrisa de un hijo basta para iluminar un instante. La mirada de un bebé nos emociona. La risa de un chiquillo nos derrite... Sin embargo, puede suceder que los hiramos y hasta que lleguemos a odiarlos. En la primera parte, nos dedicaremos a profundizar en el reverso de la medalla, en nuestras dificultades, nuestras zonas de sombra, nuestras vergüenzas, y en la herida que nos causa no ser el padre o la madre que tanto nos habría gustado ser.
- En la segunda parte analizaremos las causas de nuestros excesos. Las respuestas que damos ante los comportamientos de nuestros hijos hablan más de nuestra historia y de nuestra propia infancia que de los adultos en los que nos hemos convertido. Sin embargo, no todas nuestras reacciones excesivas en relación con nuestros hijos proceden de nuestra historia lejana. En la vida nada es tan sencillo, y todo comportamiento es multicausal. Asimismo, en la segunda parte voy a separar artificialmente las causas físicas, psicológicas y sociales, las dinámicas del presente y las que proceden de nuestro pasado. Es importante recordar que, en la vida real, se yuxtaponen varias causas y que a menudo la convergen-

cia de varios orígenes es lo que hace que nuestros comportamientos sean tan sólidos y tan difíciles de modificar. En las páginas siguientes, espero convencerles de que la complejidad no es forzosamente complicada, y que, en cambio, ¡el simplismo a menudo nos complica la vida!

- En la tercera parte, seguiremos las edades del hijo. No todos los padres tienen dificultades con todas las edades, y cada una de ellas presenta nuevos desafíos. Del nacimiento al joven adulto, seguiremos la evolución de nuestros hijos, y sobre todo la nuestra respecto a ellos.
- Este libro le invita a emprender un viaje interior. Comprender es bueno, pero cambiar, es mejor. La cuarta parte es un cuaderno de prácticas para que lo utilice a diario y repare los errores que ha cometido. En contra de la impactante fórmula del título de un conocido libro,* no todo se decide antes de los seis años. Los hijos reaccionan muy rápidamente a nuestros cambios de actitud. Siempre hay tiempo para recomponer una relación.

Elija ahora mismo un cuaderno que le parezca bonito y consigne en él tanto sus dificultades como sus éxitos. Siempre estará ahí para recibir sus enfados, sus lágrimas y sus sonrisas, y para ayudarle a superar los obstáculos si se desanima. Será su diario de a bordo.

¿Hemos de ser tolerantes con nosotros mismos en tanto padres? En realidad, la tolerancia hacia nuestros propios comportamientos destructivos y el sentimiento de culpabilidad son a menudo concomitantes. Yo prefiero trabajar para cambiar la tolerancia por un verdadero respeto hacia sí mismo. Es decir, sin

---

* *Tout se joue avant six ans*, de Fitzhugh Dodson. Es como si el título francés fuera un resumen erróneo del pensamiento del autor. El título original de la obra es *How to parent*.

ninguna clase de tolerancia, contemplar los comportamientos excesivos de cada uno tal como son, pero sin emitir juicios sobre la persona. Podemos decirnos: «Si actúo de este modo, es porque tengo razones para hacerlo. Ahora lo que debo hacer es descubrir dichas razones para recuperar la libertad de comportarme como verdaderamente me gustaría hacerlo».

Así pues, en las páginas siguientes le invito a que se enfrente con su realidad, sin tolerancia pero con respeto, e incluso con ternura, hacia sí mismo.

PARTE I
El padre frente a su hijo

Nuestros hijos son... nuestros hijos. Con ellos nos gustaría comportarnos como los adultos que somos, como sus padres, garantizándoles protección, ternura y apoyo en toda circunstancia, y sabiendo guiarles por este mundo para que, en la medida de lo posible, a su vez se conviertan en adultos, en hombres y mujeres felices que se sienten bien consigo mismos. Nos sentimos responsables de su educación y deseamos que sea la mejor posible... Pero puede suceder que no lleguemos a cumplir esta misión. Algunos padres «desconectan» puntualmente. Otros gritan sin cesar. Algunos saben arreglárselas cuando su hijo aún es un bebé, pero empiezan a sentirse mal en cuanto el pequeño comienza a enfrentarse a ellos. Para otros es lo contrario, se ven indefensos ante la inmensa dependencia del recién nacido, pero se sienten muy cómodos en cuanto su hijo empieza a expresarse. Algunos tienen más facilidad con las chicas; otros, con los chicos; algunos, con los niños más pequeños, y otros con los adolescentes. Ciertos padres reservan su trato más duro para un hijo en concreto, mientras que dejan tranquilos al resto de los hermanos. Unos siempre están furiosos, y otros nunca están tranquilos. Podemos reaccionar de un modo excesivo o sentirnos completamente indefensos ante ellos, y castigarlos sin motivo, mosqueándonos por una tontería, o bien reaccionar completamente al revés, sintiéndonos como paralizados delante de ellos...

Así pues, ¿qué es lo que a veces nos impide comportarnos con nuestros hijos del modo como nos gustaría hacerlo?

1

La tendencia a la dramatización

En el curso de una cena, un invitado vuelca un vaso de vino... Rápidamente, nos precipitamos para secarlo y tranquilizarlo: «No pasa nada». Pero ¿qué sucede si le pasa lo mismo a nuestro hijo? Seamos honrados, reconozcamos que más bien tendemos a reprochárselo: «¿No puedes tener más cuidado?» «¡Vaya! Sólo esto faltaba.» «¿Te crees que no tengo otra cosa que hacer, que limpiar?» ¡En la familia, un simple vaso volcado enseguida pasa a tener las connotaciones de una catástrofe!

De hecho, en cuanto se trata de nuestros hijos, es como si todo pasara a tener otra dimensión. Tendemos a minimizar o a excusar el comportamiento de los hijos de los otros y a sobreestimar el de los nuestros. El niño de nueve años de edad de una amiga se olvida de cerrar el tapón de la bañera antes de abrir el grifo; media hora más tarde, evidentemente la bañera sigue vacía, ya que el agua se escapa por el desagüe... Y usted lo disculpa intentando frenar el ardor de su padre, que quiere castigarlo. Y hasta lo defiende: «No es grave, puede pasar, no ha prestado atención...» Pero si su hijo a esa misma edad comete la misma «tontería», usted se exaspera por causa de su falta de atención. Reconozcámoslo, siempre estamos dispuestos a disculpar a los hijos de los demás por hacer las mismas cosas que no aceptamos que hagan los nuestros. Con los demás nuestras reacciones tienden a ser más comedidas, más prudentes, y, por tanto, más eficaces.

Ya sea en lo referente a sus «tonterías», por causa de sus notas, o por su modo de comportarse la inmensa mayoría de los padres tienden a perder el sentido de la proporción. Una mala nota basta para que entre en escena el fantasma de la repetición e incluso del paro... No ha puesto la mesa, ha dejado tirados sus zapatos en la entrada, se ha olvidado la chaqueta en el colegio o el libro de matemáticas y no puede hacer los deberes, se niega a comer los guisantes o el pescado, se está más tiempo del permitido delante del ordenador... Todo invita a gritar: «¡Qué hecho yo para tener un hijo así!»

Los padres se justifican: «No es la primera vez, ya se lo he pedido por las buenas, y siempre es lo mismo». Es fácil oír que el último problema no es más que «la gota de agua que colma el vaso». Pero ¿en verdad eso es así? ¿O acaso hay otra cosa que contribuye a que nos exasperemos demasiado cuando nuestros hijos no se comportan como esperamos que lo hagan? Se diría que los padres se sienten obligados a reaccionar con fuerza. Las «faltas» y las «tonterías» de nuestros hijos nos provocan tanta tensión que hasta llegamos a decir verdaderas barbaridades: «Hugo, ven aquí enseguida. ¡Si no paras, te voy a dar una paliza que no vas a olvidar en toda tu vida!» En esta frase se dicen tantas cosas que a todos nos resulta familiar. ¿Qué ha hecho Hugo que sea tan grave para merecer «una paliza que no va a olvidar en toda su vida»? ¿Qué ha hecho para que su mamá llegue a amenazarlo con pegarle? Contemplemos a la víctima, a Émeline. No presenta morado alguno, ni sangra, y sale corriendo en dirección a sus amiguitas... Simplemente su hermano la ha empujado, ella se ha caído y luego ha ido corriendo a quejarse a su madre. Este es el gran delito de Hugo. Ciertamente, el empujón de Hugo merece que se le castigue, pero sobre todo invita a pensar: ¿Por qué se muestra tan agresivo con su hermana?

«Una paliza que no vas a olvidar en toda tu vida»... La amenaza es claramente desproporcionada. ¿Qué crédito puede conceder Hugo a las palabras de su madre? Si las palizas son ineficaces, las amenazas de palizas también lo son, por no hablar de las amenazas exageradas que nunca se ponen en práctica... Sin embargo, casi todos los padres cometen esos excesos, esos abusos de lenguaje y algunas veces de poder basados en el castigo físico. Nuestras reacciones emocionales nos superan, y nos llevan a adoptar actitudes educativas que no siempre se corresponden con las que estamos de acuerdo. Casi todos hemos perdido alguna vez los estribos por cosas que no justifican que nos enfademos de ese modo. Y como lo sabemos, eso es algo que siempre nos hace sentir culpables.

«¡La culpa la tiene él! ¡Ha conseguido sacarme de mis casillas! Nunca me escucha, es un vago, lo lleva en la sangre, y además es insoportable...» Para los padres no es fácil asumir sus desviaciones de lenguaje o de comportamiento, y en general proyectan su responsabilidad sobre sus hijos.

Por raro que parezca, y a pesar de la clara ineficacia de nuestros gritos, ¡seguimos gritando! ¿Qué es lo que nos empuja a proseguir por este camino a pesar de ser conscientes de que sólo nos conduce al fracaso? «Sé bien que no sirve para nada, pero no puedo evitar hacerlo.» Otros no intentan evitarlo, sino que encuentran justificación para sus gritos y no cuestionan la pertinencia de su estilo educativo, aunque también se hayan dado cuenta de la ineficacia de las actitudes represivas. Sus observaciones lo demuestran: «No cambia, siempre es lo mismo; por mucho que yo haga, por mucho que le castigue, etc., siempre empieza de nuevo...»

En nuestro interior pasa algo que nos desborda, y que va más allá de la realidad de los hechos que le reprochamos a nuestro hijo.

Resumiendo, ¿nuestras reacciones son tan intensas porque nuestros hijos exageran, o acaso exageramos sus faltas para justificar la intensidad de nuestra respuesta emocional?

2

¿Los padres son diferentes de las madres?

No se puede negar que nosotras, las madres, tendemos a dramatizar. Nuestros maridos a menudo nos critican por ello... Pero hay estudios* que muestran que ellos padecen la misma «enfermedad» en cuanto pasan a hacerse cargo de la gestión de la vida cotidiana. El hecho de dramatizar parece, pues, algo inherente a la función de ser padres.

Es un tópico decir que los padres son menos sensibles, y que las madres dramatizan ante la menor insignificancia de sus bebés. Es como si pretendiéramos hallar una diferencia biológica entre el hombre y la mujer. Ahora bien, cuando los padres son los que se quedan en casa —cada vez hay más— manifiestan la misma hipersensibilidad y dramatizan igual que sus esposas. Es un comportamiento intrínseco a la función de «ocuparse de un bebé».

Pero aunque parezca que los hombres reaccionan con menos sensibilidad ante lo que le sucede a su hijo, lo cierto es que la razón de que a menudo piensen que «no pasa nada», o que «ya se arreglará», se debe tan sólo a que lo conocen menos. Están más alejados de él que las madres, y no saben calibrar sus habilidades y necesidades. A eso hay que añadir la tendencia completamente

* Serge Ciccotti, *100 petites expériences de psychologie pour mieux comprendre votre bébé*, Dunod.

masculina a buscar soluciones, a tomarse las cosas demasiado a pecho, a hacerse los fuertes y a empeñarse en calmar a sus mujeres... Rara vez se toman el tiempo necesario para estudiar la dificultad que les sale al paso. Un estudio* realizado entre padres con bebés de tres meses, muestra que, estadísticamente, los hombres valoran mal las posibilidades de sus pequeños. ¡Y hasta pueden llegar a proponer castigos corporales para modificar ciertos comportamientos que, como es bien sabido, los niños de esas edades son incapaces de controlar!

El tema de la disciplina es el que más disputas provoca entre las parejas. Y como ninguno de los dos se atreve a revelar cuáles son verdaderamente sus motivaciones, las discusiones entre ambos son infinitas, conflictivas y dolorosas.

La experiencia y los estudios científicos realizados muestran que es preferible hacer caso a la persona que se ocupa prioritariamente del niño. Pero por desgracia, en la pareja suele ser frecuente que el otro sea el que detenta el poder, porque es el que trabaja afuera y gana dinero, y también porque tiene ideas muy claras sobre lo que se debe y no se debe hacer. Mientras que el que está junto al hijo todo el día siempre duda debido a que la confrontación con la realidad hace que cualquier opinión preconcebida vuele por los aires. En nuestra sociedad, desgraciadamente la duda está menos valorada que el saber. ¡A la persona que «sabe» se le da la razón sin ningún problema! Los conflictos en torno al tema de la educación surgen por el hecho de que cada uno procura imponer su razón sobre el otro. Pero enrocarse en términos de estar equivocado o de tener razón no es demasiado eficaz, sino que es mucho más productivo analizar juntos las necesidades y la realidad del niño, probar, dudar, buscar, etc.

Cuando uno de los padres es más severo que el otro, en gene-

* Para más información, véase la página web, http://www.niclaquesnifessees.org

ral suele pedirle que le apoye y que no se le oponga para que su autoridad no se vea socavada. Sin embargo, hay que subrayar que rara vez sucede lo contrario. No es frecuente oír: «Cuando estoy escuchando a nuestro hijo para ayudarle a expresar con palabras las cosas que le impiden avanzar, te pido que no intervengas para que la calidad de mi relación con él no se deteriore». Si el más autoritario necesita que el otro se mantenga incondicionalmente a su lado es porque su posición es débil y sólo intenta abusar de su poder. Por tanto, y dado que aquellos que se ocupan del niño todo el día parecen ser los más sensibles..., ¿por qué no invitar al más rígido de los dos a que intercambie los papeles durante una semana?

3

La imagen de sí mismo y el peso de la culpa

Una cincuentena de mesas colocadas sobre el césped, comemos, hablamos y nos reímos. De repente, una lluvia de pequeñas piedras sobre mi espalda... Me vuelvo y descubro a una niñita de unos dos años con cara de estar completamente asombrada ante las consecuencias de su gesto. Toda la mesa la riñe. Sobre todo su padre la reprende agriamente, aunque en voz baja.

La veo desconcertada ante esa reacción cuya intensidad no alcanza a comprender. Jugaba, no era consciente de hacer daño... Entonces hace lo que todos los niños de su edad hacen cuando no comprenden, cuando están perdidos: para entender qué ha pasado, volverá a hacer lo mismo... Vuelve a coger un puñado de piedras, mirando a su padre directamente a los ojos.

Como se han olvidado de las emociones que sentían cuando eran niños, muchos padres confunden esta clase de actitudes con el descaro, sin darse cuenta de que lo desmesurado de su cólera es lo que da origen a que el niño intente repetir su comportamiento, intentando controlar lo incomprensible.

Viendo a aquel padre fruncir las cejas al mirar a su hija, intervine rápidamente... «No ha querido hacer daño, me parece que la primera sorprendida es ella...» El padre se volvió hacia mí: «¿Han caído piedras en su plato?» «Bueno, sólo me ha caído alguna en la espalda.» No hablamos más que un momento, el tiempo necesario para que la tensión bajara y para permitir que la nena oyera que las piedras que había lanzado habían alcanzado a alguien. Entonces la pequeña soltó las piedras.

En público, todo se complica. ¡Los otros nos están mirando, y nuestros hijos tienen que portarse bien! En esos momentos soportamos peor su mala conducta porque imaginamos que los demás nos miran con severidad. ¿Tanto miedo nos da el juicio de los otros? Es como si las trastadas de nuestros hijos hablaran de nosotros. Más que una simple tontería, ¡nuestro hijo está arruinando nuestra imagen! Nos imaginamos que todo el oprobio del mundo ha caído sobre nuestras cabezas. En fin, cuando un niño intenta llamar la atención, siempre hay un padre que se siente culpable.

Bien es verdad que en público o en privado el peso de la responsabilidad recae sobre los hombros del padre. Basta un ataque de tos para que acusemos a nuestro hijo de no haber tenido cuidado: «Ayer no te pusiste el abrigo... Y ahora mira...» Muchas veces intentamos culpabilizar a nuestros hijos para calmar nuestro propio sentimiento de culpabilidad. Ciertamente, el peso de la cultura de la culpa nos alcanza a todos. Ante cualquier estropicio, con frecuencia la pregunta que surge automáticamente es más la de «¿quién ha sido?» que la de «¿qué hay que hacer para arreglarlo?» Como si la identificación del culpable fuera más importante que la resolución del problema, y esta concepción de las cosas nos hace sufrir continuamente.

La necesidad de «obrar bien», el temor al juicio del prójimo o el modo como nos juzgamos a nosotros mismos a veces nos impide aprehender la realidad y puede llevarnos a pecar de falta de discernimiento, e incluso a cometer injusticias.

Fijémonos en el ejemplo de unos padres que saben que en la escuela su hijo se dedica a pegar a uno de sus amigos... Si tienen la necesaria seguridad interior, se preguntarán: «¿qué está pasando?», y se dedicarán a observar a su pequeño. Pero si se sienten frágiles debido a un drama personal o a su propia historia, su reacción puede ser otra. Pueden negarlo. Como la confrontación es demasiado dolorosa, prefieren no afrontar la realidad: «Eso es mentira, yo no he educado a mi hijo así, es imposible. Usted miente». Y obligan a su hijo a rechazarlo y a que mienta para no decepcionarlo. A otros les sucede lo contrario: no soportan la idea de que su hijo sea una víctima. «¡No! ¡A mi hijo no le pegan, sabe defenderse! ¿A que te defiendes, verdad Cyril?» Y el niño baja los ojos. Él también mentirá a sus padres. ¿Cómo va a atreverse a decepcionarlos? Esos mismos padres, sobreprotectores en apariencia, tienen tanta necesidad de idealizar a su hijo y de creer que son buenos padres, que este sentimiento puede con todo lo demás. El hijo acepta convertirse en víctima sacrificial y reprime sus emociones. Llega a creer que no tiene derecho a ser él mismo, sino sólo... una prolongación de sus padres; es decir, la imagen idealizada que ellos tienen de él. Para esta clase de padres, querer e idealizar son sinónimos. La negación de la realidad es un refugio para no sufrir.

Los padres también pueden acusarse a sí mismos... Es por mi culpa... ¿Qué es lo que no he sabido hacer bien? ¿Será porque me divorcié de su padre? ¿He sido demasiado severa o demasiado permisiva? Las preguntas asaltan a la madre, porque sobre todo las mamás son las que utilizan este tipo de defensa. La herida narcisista puede ser tan profunda, que por efecto rebote los padres pueden llegar a sentirse resentidos con su hijo por darle una imagen tan pobre de sí mismos. Y en este caso se deciden por el camino de la autodesvalorización. Para no hacerle daño a su hijo, los padres se desvalorizan, se desacreditan y se atribuyen toda la culpa... Y al eximir a su hijo de cualquier responsabilidad, le están privando de ser él mismo.

Los padres también pueden actuar severamente. El padre que se siente indefenso, sin argumentos, busca un culpable: o él o yo... O bien se culpabiliza a sí mismo, o bien acusa al hijo. E incluso algunos, completamente desarmados, se sentirán tentados de recurrir a la violencia. Les castigarán y pegarán en un intento de dominar a un hijo que no controlan. Y le pegarán con más fuerza cuanto más crean que el niño sólo pretende crearles dificultades, «obligándolos a golpearlo o a castigarlo». Pueden llegar a acusar gravemente a su hijo: «Eres insoportable, tienes el diablo metido en el cuerpo». Por más que queramos a nuestros hijos porque son nuestros, cuando nos sacan de nuestras casillas nos parecen incomprensibles, o lisa y llanamente insoportables, y entonces el riesgo de ponerles etiquetas y de juzgarlos aumenta.

Las definiciones del tipo «es lento», «es hiperactivo», «es...» no son más que un intento de luchar contra la herida narcisista que se abre en nosotros. Es una manera de hacerles cargar con la responsabilidad de lo que les sucede, quitándonosla de encima. Pero desgraciadamente, actuando de este modo el adulto está alejando al niño de su corazón. Además, los niños tienden a responder a las definiciones que damos de ellos. ¡Se adaptan a nuestras expectativas! Su cerebro interpreta nuestros comentarios y juicios como órdenes. Por una parte, nervioso ante la idea de desagradar a su padre, el pequeño se vuelve forzosamente más lento. Por otra, lo que su padre —que es un adulto y, por tanto, *a priori* alguien que sabe más que él— dice de él se convierte en su identidad. Si su padre lo dice, será porque así es como debe comportarse. Aprisionado por lo que su padre dice de él, el hijo carecerá de los medios necesarios para resolver su problema. Un problema que tenderá a agravarse, convirtiéndolo en un niño al que cada vez resultará menos fácil querer.

La responsabilidad de los padres es inmensa, y no se les ayuda lo suficiente. Como ya hemos visto antes, para huir de su responsabilidad, los padres pueden optar por recurrir a la negación, proyectándola sobre su hijo —es una nulidad, lento, malo, torpe y bobo—, o a encerrarse en un sentimiento de culpabilidad. Paradójicamente, los padres se sienten fácilmente culpables de todos los males que les suceden a sus hijos, unos males de los que no son responsables en absoluto. Porque los padres no son responsables de *todo* lo que le sucede a su hijo.

Las madres tienden a sentirse culpables porque su hijo es hiperactivo o padece leucemia. En cambio, apenas se sienten culpables cuando les llaman «malos» o los castigan... Ahora bien, sobre la hiperactividad o la leucemia no tienen ningún poder, excepto el de llevarlos a la consulta de los terapeutas apropiados. Mientras que sí lo tienen sobre los juicios que emiten o las humillaciones que inflingen a sus hijos.

Algunos niños son menos gratificantes que otros. Es evidente que es más agradable tener un hijo bien educado, que empieza a hablar pronto, que empieza a andar pronto, que va bien en la escuela, y que es extrovertido y tiene muchos amigos, que un hijo físicamente inestable y con problemas escolares. A estos últimos se les llama, delicadamente, «diferentes». Patricia se quedó sola poco después de que a su hijo le diagnosticaran trisomía 21. Fue como un mazazo. Su marido, Pierre, prefirió largarse. «No acepto ser el padre de un débil mental», dijo antes de irse. Afortunadamente, no todos los padres actúan igual, ¡ni mucho menos! Algunos saben crear verdaderos tesoros de ternura y amor. Pero la verdad es que para los padres cuyas ideas no son demasiado firmes puede ser complicado querer a su hijo no sólo cuando éste presenta algún tipo de discapacidad física o mental, sino también algún trastorno más común, como problemas de enuresis, de dislexia, o de hiperactividad... Por otra parte, quizá haga falta que el problema sea muy grave para que liberemos nuestras tensiones. La mamá de un niño con una discapacidad motora grave un día me dijo: «No puedo decir que le desearía esto a alguien, pero debo reconocer que, cuando miro a otras familias, me doy cuenta de que somos más felices en nuestra vida cotidiana que la inmensa mayoría de la gente que nos rodea. Nos reímos mucho. Nos queremos. Sabemos distinguir entre lo que es importante y lo que no». ¡Qué lección tan magnífica! Porque esa madre tiene mucha razón. Reconozcámoslo; algunas veces nos olvidamos de celebrar a cada instante la buena salud y la integridad física y mental de nuestros hijos, y entonces nuestras exigencias limitan la capacidad de nuestra familia para ser feliz.

¿Por qué nos sentimos tan culpables cuando nuestros hijos son «diferentes»? ¿Acaso será porque inconscientemente los culpabilizamos por causa de la imagen que dan de nosotros, como si fueran una mera prolongación de nuestras personas y formaran parte de nuestra identidad? Es como si sus comportamientos y sus resultados pasaran a ser nuestros.

Si nuestro hijo ha sacado unas notas catastróficas, éstas nos hieren como si apuntaran directamente hacia nosotros. Y aunque para algunos padres sea así porque se dedican a hacerles los deberes a sus hijos, una mala nota no es más que una situación marginal. Pero la verdad es que nos da miedo que las dificultades de nuestros hijos subrayen nuestras propias carencias. Si fracasa o si no es un buen alumno es porque no somos unos buenos padres. Cuando saca un 3 en matemáticas, es como si nosotros también sacáramos un 3 sobre 10 como padres. Y entonces tiene que haber un culpable. Algunos padres asumen toda la responsabilidad. Se hacen reproches, sienten haberse divorciado o dicen que no han hablado bastante con su hijo. Otros acusan al hijo para no enfrentarse a su parte de responsabilidad. Algunos lo dicen sin rodeos: «Me avergüenzas, qué va a pensar la gente de mí...»

Una madre reprende a su hija: «¡No te da vergüenza llorar de este modo, todo el mundo te está mirando!» Evidentemente, la que siente vergüenza es ella. Está persuadida de que las lágrimas de su hija atraen las miradas reprobatorias de los demás, unas miradas que forzosamente van dirigidas hacia ella misma. Y aunque eso no sea así, en realidad dichas miradas reprobatorias proyectadas en la gente que les rodea se inscriben en la continuidad de la opinión que sus propios padres tenían de ella.

¿Qué tengo que hacer, en tanto padre o madre, para soportar la mirada condescendiente o severa de los profesores de mis hijos? ¿Qué debo hacer para no pasarlo mal cuando me reúno con mis amigas si ellas sólo saben hablar de los éxitos de sus hijos? La opinión de los demás puede llegar a ser muy dolorosa.

Cuando un niño fracasa, transgrede las normas o ataca a los demás, aunque no lo desee está hiriendo a sus padres en su vertiente narcisista. Si los padres son emocionalmente sólidos, podrán superar dicha herida y prestar atención a las necesidades que su hijo está queriendo expresarles por medio de su conducta «desviada». Pero si no lo son, pueden rechazar, castigar y herir a su hijo, o hasta incluso volver su cólera contra ellos mismos y echarse las culpas. Todos esos mecanismos de defensa sólo servirán para ahondar más la distancia entre padres e hijos.

El miedo a ser considerados malas madres, o malos padres, nos lleva a hacer innumerables sacrificios que sólo valen para engendrar un rencor más o menos inconsciente hacia nuestros hijos. Un padre que intenta alcanzar la perfección con frecuencia se exaspera al no conseguirlo, y es posible que les reproche a sus hijos que le impidan alcanzar sus objetivos. Todas las madres son malas madres... y buenas madres. De hecho, serían mejores madres si no se empeñaran tanto en ser buenas.

Cuando a una madre le preocupa demasiado la idea de parecer una buena madre, deja de escuchar sus señales interiores, e identifica mal las verdaderas necesidades, tanto las suyas propias como las de su hijo. Hace lo que «hay que» hacer, y se comporta con arreglo a lo que le han enseñado; es decir, según unos esquemas aprendidos y unas ideas sobre lo que hay que hacer en cada situación.

Martine se queja porque no logra consolar a su hija de dieciocho meses cuando llora, y lo cierto es que la pequeña llora mucho. La observo. Cuando Victoire se echa a llorar, Martine la coge en brazos y la mima. La chiquitina se tranquiliza bastante rápidamente... Pero al cabo de pocos segundos, la niña vuelve a llorar con más fuerza que antes. «¡Mamá, mamá...!» Los lamentos de Victoire, que no cesan aunque Martine la siga teniendo en brazos, pueden con ella. De hecho, para un observador externo, es evidente que Martine no debería tenerla en brazos tanto tiempo. Pero ella quiere ser una buena madre, y es de la opinión de que una buena madre es la que sabe responder a su bebé, cogiéndolo en brazos cuando llora. Sin embargo, Victoire tiene dieciocho meses y ya es mayor, por lo que sólo necesita un pequeño gesto de consuelo.

Le expliqué eso mismo a Martine y la invité a que pusiera a su hija contra su hombro durante unos instantes, y luego, en cuanto la pequeña empezara a dejar de llorar, la pusiera mirando hacia afuera. Martine se sorprendió ante la rapidez con la que Victoire abandonó sus brazos espontáneamente para ir a jugar. Sólo necesitaba los brazos de su mamá mientras se encontraba a sí misma, pero como su mamá continuaba mimándola —y eso algo que las mamás saben hacer mejor que nadie—, seguía llorando; sin embargo, como no acababa de sentirse cómoda, lloraba de nuevo. Era prisionera de su fidelidad hacia su mamá, del mismo modo que esta última lo era de un esquema estereotipado: «Las buenas madres miman a sus hijos cuando lloran».

La idea que se suele tener de la «buena madre» no es más

que un estereotipo que con frecuencia permanece inamovible. Las necesidades del hijo evolucionan en cada etapa de su crecimiento. Pero aunque las mujeres sean las que más necesitan dar la imagen de que son «buenas madres», dicha imagen persigue igualmente a los hombres: también ellos quieren ser «buenos padres». A veces, y sobre todo cuando no están demasiado orgullosos del modo como se comportan con su hijo, llegan a emplear toda clase de argumentos convincentes: «No vas a encontrar otro padre como yo, ni que sea tan bueno como yo. ¿Sabes?, tienes mucha suerte...»

Todo el mundo quiere estar en el lado del bien, lo cual es algo humano. Pero no es bueno mantenerse enganchados a una imagen idealizada, especialmente cuando nuestro hijo necesita que se reconozca la verdad. Prisioneros de la imagen de lo que es ser una buena madre o un buen padre, muchos padres se niegan a que sus actitudes se cuestionen. No quieren oír otra versión que la suya propia. No siempre observan a sus hijos con la debida atención y no alcanzan a entender que éstos intenten distanciarse de ellos. Cuando un padre se niega a sentir el sentimiento de culpabilidad, sano y útil, que le permite centrarse en su hijo, tiende a encerrarse en el axioma siguiente: «Soy una buena madre o un buen padre».

Emmanuel tiene treinta y dos años. No quiere ver más a su madre. Sobre todo no quiere que se haga cargo de su hijo. Su madre, Denise, no entiende nada: «Siempre fui una buena madre», dice. Y tiene razón, podemos confiar en ella. Siempre intentó ser una buena madre. Jamás dejó que en su corazón tuviera cabida el más mínimo sentimiento de culpabilidad. Denise apenas observó ni escuchó a Emmanuel. Siempre se preocupó de sí misma y de su imagen como madre. Aunque fue una buena madre, no trató a su hijo con verdadera ternura, por lo que éste fue desgraciado a su lado. No estaba atenta a sus verdaderas necesidades. Daba en función de la imagen de lo que se supone que debe dar una madre. Cuando Emmanuel se queja de no haber existido para ella, cuando denuncia algunos de sus comportamientos, Denise protesta: «Mi hijo se lo está inventando, las cosas no eran así». Se niega a ver que podría existir otra realidad que la suya. «Su infancia no era así, todo fue bien», insiste.

Cuando un niño le formula una pregunta a su padre sobre su infancia y cuando este último, en vez de reflexionar, contárselo y explicárselo, le responde: «Todo fue estupendamente», sus palabras se pueden traducir del modo siguiente: «No puse la debida atención, estaba centrado en mí mismo, y no vi nada (y no deseo ver nada) de lo que te estaba pasando».

Así pues, tenemos que aprender a tolerar en nosotros una dosis de sana culpabilidad que nos permita mantener una relación directa con nuestro hijo y no con los axiomas al uso. El sentimiento de culpabilidad es lo que nos permite no herir al otro. Ahora bien, como somos los encargados de proteger a nuestro hijo, tenemos que velar para que no se sienta herido.

Cuando un hijo está en situación de inferioridad, sea cual sea, atrae nuestra protección. Cuando tenemos que proteger a un hijo más que a otro por causa de sus dificultades, nos sentimos como si su vida estuviera más a nuestro cargo. Más responsables... y como creemos que no se nos escucha y ayuda lo suficiente en esta prueba, no sólo tendemos a sentirnos más responsables, sino también más culpables. Por una parte, el sentimiento de culpabilidad se halla vinculado al excedente de protección que nosotros mismos tendemos a darle, y por otra, a dirigir contra nosotros mismos la cólera que nos provoca la frustración y el sentimiento de injusticia respecto a lo que nos está pasando. A lo que *nos* está pasando, porque tendemos a olvidar que las cosas le pasan a él, a nuestro hijo.

No, no todo es «culpa» de los padres, y desgraciadamente tendemos a invertir nuestras responsabilidades. Aprendamos a poner las cosas en el sitio que les corresponde. Sólo somos responsables de lo que podemos controlar. Y aun así ya es mucho.

Por otro lado, si lográramos culpabilizarnos menos, no intentaríamos vernos tan perfectos. Podríamos asumir más nuestras responsabilidades. ¿Qué padres no han dudado a la hora de consultar sobre la timidez, la dislexia o la enuresis de su hijo para no verse tildados de malos padres? Por mucho que utilicemos todo tipo de argumentos para disimularlo, los hechos hablan por sí solos: la inmensa mayoría de los padres tardan a la hora de valorar un problema y de decidirse a consultar a un especialista.

Un niño no necesita tener unos padres perfectos, sino que sus padres sean sencillamente buenos; es decir, unos padres que, como es lógico, intenten hacer lo mejor para ocuparse de él, que lo protejan y lo alimenten, y que eviten herirlo y frustrarlo excesivamente, pero que sepan que pueden cometer errores y se muestran dispuestos a reconocerlo. Un niño no desea tener ante sí a un *rol,* sino a una persona, a *una verdadera persona*, con sus propias emociones y necesidades, sus pensamientos y sus valores, y sus habilidades y sus límites.

Hay padres que se sienten culpables en exceso, y otros que, aun siendo culpables, no tienen, o no quieren tener, sentimientos de culpabilidad. Al actuar así, corren peligro de encerrarse en un círculo vicioso. Porque cuando herimos a otro, voluntariamente o no, por causa de nuestra incapacidad a enfrentarnos a nuestra culpabilidad, la mera vista de la persona herida nos resulta insoportable porque nos recuerda nuestra indignidad. ¡Odiamos a aquellos que nos hacen sentir culpables!

Por la misma razón, un padre puede tener problemas para querer a un hijo, digamos «insuficiente», simplemente porque el niño despierta en él un sentimiento de culpabilidad. En este caso, el padre puede hacer todo lo posible para evitar la mirada de su hijo, y también para evitar su propia mirada, alejándose físicamente de él, o puede volverse violento, llegando a golpear a ese hijo que le recuerda su propia indignidad.

No podemos estar siempre «a tope». Cuando no se ha dormido lo suficiente o cuando se pasa por un período difícil, gritar es, en resumidas cuentas, humano. Nadie, y sobre todo nuestros hijos, espera que seamos perfectos. Pero como nos exigimos a nosotros mismos ser perfectos porque queremos ser buenas madres o buenos padres, por una parte, justificamos nuestros comportamientos calificándolos de educativos, y, por otra, no nos atrevemos a pedir ayuda, como si ello fuera reconocer nuestra incompetencia. Sin embargo, la intervención de una tercera persona disminuiría nuestro estrés. Luego, ¿por qué siempre intentamos asumirlo todo nosotros(as) solos(as)? No sólo no es ninguna vergüenza dejarse ayudar, sino que el que lo hace demuestra ser muy valiente: ¡Ya es hora de dar la cara y de atreverse a pedir ayuda!

4

Reacciones impulsivas

«Fue sin querer.»

«No pensé, fue algo automático, se me escapó la mano sin darme cuenta.»

«Dije palabras de las que inmediatamente me arrepentí, era como si quien hablaba no fuera yo.»

Ciertas situaciones y ciertos comportamientos de nuestros hijos desencadenan en nosotros reacciones reflejas muy rápidas. Cuando nuestros actos escapan de nuestro control, tendemos a calificarlos de «espontáneos». Pero ¿lo son verdaderamente? En realidad, son mucho más automáticos que espontáneos. La espontaneidad hace referencia a algo que es natural. Las palabras o los comportamientos que no dominamos no tienen nada natural. Se aprenden. No es agradable ni positivo considerarse a uno mismo un autómata irresponsable. Es comprensible que prefiramos considerar nuestras reacciones automáticas como espontáneas a comprender que una reacción rápida, no pensada, no es más que un reflejo adquirido. Pero eso equivale a negar la realidad.

Además, esas reacciones automáticas son cualquier cosa menos educativas, y nosotros lo sabemos perfectamente, aunque no siempre queramos reconocerlo, y eso es algo que no nos gusta. Esta imagen que nos enviamos de nosotros mismos nos deprime. Las mujeres suelen decir: «Me parezco a mi madre, no me gusto nada cuando me sorprendo gritando como ella, diciendo las mismas palabras»... Cansancio, acumulación de tensiones, responsabilidad, exasperación, sentimiento de impotencia... Todo se une. Nuestros actos ya no obedecen conscientemente a un fin determinado. Cuando impera la urgencia —porque este es otro aspecto de la dramatización; es decir, muchas veces un padre se ve, o cree estar, invadido por un sentimiento de urgencia—, en la intensidad del instante, la respuesta, en tanto reflejo adquirido, es automática, y entonces podemos considerarnos víctimas de pulsiones que nos superan.

Hagamos un pequeño repaso al vocabulario. Las pulsiones son biológicas. Están al servicio de la vida, y permiten la supervivencia y la evolución. Tanto la pulsión de la vida como la de la muerte (pero no la pulsión del suicidio), como la de la conservación y la sexual, son esenciales para nosotros y deben ser satisfechas. Son movimientos fundamentales de nuestra energía vital. La utilización banal de este término mueve a confusión al darle un carácter imperativo de satisfacción de la necesidad.

Cuando nuestros gestos o palabras hacia nuestros hijos sobrepasan nuestras intenciones, muy pocas veces se trata de pulsiones biológicas. Prefiero utilizar el término *impulso*. Son gestos aprendidos y culturales, no biológicos. Son impulsos o compulsiones. Un movimiento brusco puede ser impulsivo, es decir, estar motivado por elementos inconscientes y puntuales. El cerebro reflejo o emocional interpreta rápidamente las informaciones que recibe y envía la respuesta motriz antes de que esta última pueda ser validada por el cerebro superior. Un impulso es rápido, pero puede ser dominado. Una pulsión, en cambio, es mucho más difícil de dominar.

Cuando un niño estropea un objeto, sus padres pueden experimentar un impulso agresivo, es decir, ganas de abofetearlo, de hacerle daño y de degradarlo; sin embargo, no siempre lo hacen. Pero a veces, cuando el impulso es demasiado fuerte, se dejan llevar y abofetean o tratan a su hijo de torpe; no obstante, esta conducta no pasa de ser un impulso mientras no sea recurrente. Pero cuando muchos de los comportamientos del niño ponen en marcha impulsos agresivos o de otra índole,* entonces podemos hablar de impulsividad. Con todo, la impulsividad tiene causas y puede dominarse.

En el caso de la compulsión, el padre no logra controlar sus gestos y/o sus palabras. Es como si «cayera sobre su hijo» regularmente y «por cualquier pequeñez». Las compulsiones son circuitos comportamentales colocados por nuestro inconsciente para evitar la angustia. (Volveremos a hablar del origen de dicha angustia.) Las compulsiones también pueden curarse a condición, por supuesto, de que las identifiquemos como algo que nos pertenece y no como educativas. Compulsión no equivale a fatalidad, por lo que es importante medir la diferencia entre ambos conceptos para no culpabilizar a los padres que la padecen. Si no se presta atención a la angustia subyacente de estos padres, ellos no podrán controlar su adicción; es algo que escapa del control de su voluntad.

Un día, justo antes de iniciar una conferencia, mientras me preparaba sobre el estrado, una mujer joven se me acercó y me dijo: «Es la segunda vez que acudo a escucharla. Me gustaría darle las gracias. La última vez, usted explicó que las bofetadas hacían daño a los niños. Gracias a usted, nunca más he vuelto a pegar a mis hijas. Y puedo decirle que el ambiente de mi familia ha cambiado. En fin, tenía ganas de decirle hasta qué punto algunas de las cosas que usted ha dicho sobre el tema de pegar a los niños

* Por lo general, los impulsos van dirigidos hacia el exterior, pero también puede suceder que el padre dirija su agresividad contra sí mismo, se culpabilice o se refugie en el tabaco o el alcohol.

han cambiado mi relación con mis pequeñas. Gracias por sus palabras y gracias también en nombre de nuestra familia».

Ciertos padres dejan de abofetear, de pegar o de juzgar a sus hijos en cuanto se enteran de lo nocivas que son dichas actitudes, como lo evidencia la madre de la que acabamos de hablar. Lo hacen por ignorancia o por falta de conciencia. Pero desde el momento en el que los padres contemplan otras posibilidades, recurren a ellas. A algunos les cuesta más llegar a esta conclusión porque no controlan totalmente su comportamiento de un modo consciente, y necesitan tiempo para aprender a dominar su impulsividad. Otros se ven realmente impotentes para cambiar y necesitan ayuda para conseguir modificar su comportamiento. Del mismo modo, ciertas personas dejan de fumar fácilmente y a otras les cuesta mucho, ya que se trata de una compulsión que ha llegado a crearles dependencia.

Esta imagen nos lleva a pensar en la dependencia química. ¿Es posible que exista una dependencia de las hormonas de la agresividad del mismo modo que los fumadores están acostumbrados a su dosis de nicotina? No parece algo tan imposible. Es innegable que existe una dimensión fisiológica de la violencia. Pero como yo soy psicóloga, me mantendré dentro de mi especialidad; es decir, en la dependencia psicológica.

Pegar a un niño y rebajarlo puede aportar beneficios inconscientes. Y mientras todo ello no salga a la luz, para el padre será extremadamente difícil cambiar. Es importante recordar que el padre no pega a su hijo por maldad, placer o perversidad intrínseca, sino que se deja llevar por un impulso que le mueve a golpear o herir a su hijo para evitar una angustia que de otro modo lo ahogaría.

La violencia hacia el niño no es pulsional, sino impulsiva o compulsiva. Pero en ningún caso está relacionada con los comportamientos de nuestro hijo, ya que a lo sumo estos últimos son detonantes y no causas.

5

Cuando el impulso se convierte en compulsión

Es verano. En correos, una decena de personas hacen cola, el calor pesa como una losa, un renacuajo de unos cuatro años llora y su mamá le da un azote en el culo. «¿Vas a calmarte?» Está bien claro que la que está nerviosa es ella. Agarra a su pequeño por los brazos para impedirle que salte; él se retuerce intentando escaparse. «¡Te voy a dar!», le amenaza con la otra mano. Tan pronto como lo suelta, el pequeño se agarra a un poste y se pone a dar vueltas a su alrededor... La madre lo vuelve a agarrar y le pega. El pequeño llora, y luego se va a jugar un poco más lejos. Después vuelve. Se le ha olvidado que su madre estaba enfadada. Sonriente, la llama: «¡Mamá, mamá, mira!» Pero a ella no se le ha olvidado: «¡No te hablo porque no te portas bien!» Unos minutos más tarde, el niño vuelve a las andadas, y la madre le da otro azote. El pequeño se sienta un poco más lejos y se echa a llorar.

Las personas de la cola se miran y parecen molestas. Nadie se atreve a interponerse. Cierran los ojos y los oídos. «No tengo tiempo para intervenir de manera constructiva. Desgraciadamente, tengo prisa.» A pesar de estar rodeada de gente la madre está completamente sola. Me acerco a ella y —torpemente—* le digo estas palabras:

---

* Digo torpemente porque me presento como superior a ella, como la que sabe contra la que no sabe. Aunque me pese, no soy perfecta y, a pesar de mi práctica,

—Comprendo que esté nerviosa, pero hay mejores medios para calmar a un niño que pegarle y gritarle.

—¡A usted esto no le incumbe!

—¡Sí que me incumbe! No me gusta ver sufrir a un niño. Pero me imagino que a usted también le pegaron cuando era niña.

—¡Pero para mí no fue un trauma!

Después mantuvimos un breve intercambio de palabras en cuyo transcurso intenté convencerla de que no la estaba juzgando... Pero fue inútil... Mis palabras chocaban contra una cara hostil y cerrada. Me alejé de ella, pensando: «¡No es verdad, señora, sí que fue un trauma! Puedo verlo en la tensión de su cara y puedo medirlo por su nerviosa reacción ante el comportamiento de su hijo. Mire, está claro que cuando era pequeña hubo muchas cosas que la afectaron. Usted debió de reprimir muchas emociones, y tuvo que endurecerse para no sentir».

Para aquella mamá era fácil comprobar hasta qué punto sus golpes, gritos y amenazas eran inútiles. Cuanto más golpeaba a su hijo, más gritaba, lloraba e intentaba escaparse éste. Pero ella continuaba e insistía, y, delante de mí, intentaba justificar una actitud que era manifiestamente inoperante.

Habría sido mucho más eficaz que hubiera intentado hablarle con calma a su hijo, dirigir su atención hacia el entorno e intentar que se interesara por cualquier cosa, pero eso no formaba parte de su papel de madre. En su caja de opciones, sólo había una posibilidad: la de la represión. Porque era lo que ella había aprendido de pequeña, con sus padres.

Al carecer de otros medios, aquella madre recurría, por imitación, al abuso de poder para sentirse fuerte a fin de contrarrestar

---

a veces no empleo el lenguaje más adecuado. Habría sido más apropiado ofrecerle simplemente mi ayuda, o dirigirme directamente al niño. No obstante, he querido incluir mis palabras de aquel día, que provocaron la continuación de la conversación.

su profundo sentimiento de impotencia. Cuando se trata de un gesto violento aislado, tan sólo es un impulso, pero cuando el padre no puede dejar de pegar a su hijo por una tontería, se trata de una compulsión. A la vista del carácter automático y manifiestamente habitual de los golpes, en este caso podemos pensar que es una compulsión.

La compulsión a humillar, desvalorizar, juzgar y golpear es una proyección sobre nuestro hijo de los arrebatos de cólera que reprimimos en nuestra propia infancia. A nuestra cólera original hay que sumar la tensión, la frustración y la humillación de no haber podido manifestarla... Puede transformarse en rabia y odio cuando nos recuerda los silencios forzados de nuestra historia. La compulsión violenta es al mismo tiempo venganza y tentativa de curación. Pero volveremos a hablar de este tema.

6

Disonancia cognitiva

Volvamos a esa frase familiar que ya hemos oído más arriba: «¡Si no paras, te voy a dar una paliza que no vas a olvidar en toda tu vida!» Antes de pronunciarla, evidentemente Sylvie no había reflexionado, sino que se dejó llevar por un impulso automático. No era ella la que hablaba, sino su madre, su abuela, etc. Yo la había oído, aquella misma mañana, durante una reunión, disgustarse públicamente ante el hecho de dar una bofetada a un niño en clase. Condenaba sin ambages todo castigo corporal tanto en la escuela como en la familia. Pero cuando grita así a su hijo, está bajo la influencia de cualquier cosa menos de la razón. Reproduce una costumbre.

Intrigada por la diferencia existente entre su discurso y la amenaza, fui a hablar un poco con Émeline, la hermana de Hugo:

—¿Tu mamá os pega o sólo lo dice en broma?

—¡Nos pega! —Luego, como para justificar a su madre, siguió diciendo—: Te explico: yo no había hecho nada y Hugo me hizo caer. ¡Me he hecho daño!

Émeline había integrado la idea de que era natural y justo recibir unos azotes cuando se había hecho algo malo, y, como Hugo había hecho algo malo, tenía que recibir una azotaina. La elucidación de las razones por las que su hermano la había hecho caer no le parecía importante ni útil.

Sylvie es muy consciente de que los azotes son inútiles y hasta nocivos para el aprendizaje. Sin embargo, amenazaba con dárselos a su hijo y yo sabía que, llegado el caso, sería capaz de hacerlo. Así pues, ¿cómo se las arreglaba para estar de acuerdo con sus valores?

La contradicción entre lo que se cree —«No está bien pegar a un niño»— y el comportamiento —«Le he dado una bofetada a mi hijo porque ha hecho una tontería»— crea un estado de tensión. Esta tensión debería invitarnos a modificar nuestro comportamiento para adecuarlo a nuestros valores. Pero por desgracia es mucho más fácil modificar los pensamientos que los comportamientos, sobre todo cuando estos últimos están arraigados en nuestras heridas del pasado. Entonces reorganizamos nuestras certezas para que sirvan de base a nuestros actos y acabamos diciendo, por ejemplo, que «una buena azotaina jamás ha matado a nadie».

Al analizar los procesos psíquicos que se ponen en marcha cuando se produce esa diferencia entre las ideas y los comportamientos, un investigador norteamericano, Léon Festinger (1957), introdujo el concepto de disonancia cognitiva. Este autor define la disonancia cognitiva como «un estado de tensión desagradable debido a la presencia simultánea de dos cogniciones (ideas, opiniones, comportamientos) psicológicamente inconsistentes». En otros términos, la disonancia cognitiva manifiesta lo incómodo que es para una persona vivir algo que está en desacuerdo con lo que piensa o pensar algo que está en desacuerdo con lo que vive. Cuando nuestros comportamientos se contradicen con nuestros valores, tenemos una fuerte propensión a reorganizar nuestro pensamiento para acomodarlo a nuestros actos, justificándolos. Podríamos hacer lo contrario, pero eso sería desconocer la fuerza de los automatismos. Es más fácil acomodar los pensamientos que modificar los comportamientos. Constatar que no actuamos según nuestros propios criterios es angustioso y hace que nos sintamos culpables. Y hasta podemos llegar a pensar que no somos buenas personas. Por lo tanto, más vale cambiar de idea. Por supuesto, este proceso no es consciente y se produce con más o menos fuerza.

El ejemplo de Sylvie nos permite comprender hasta qué punto nuestros comportamientos no son el reflejo de nuestros conocimientos concientes, sino que son causados por mecanismos inconscientes.

¿Acaso hay alguien que nunca haya tenido que enfrentarse a tales contradicciones? Como nuestra interlocutora, podemos negar que hemos pegado a nuestros hijos, minimizar el impacto de nuestros actos y argumentar, como hace ella, que es la única manera de «tener sujetos» a su hijo o a su hija.

A menudo nuestros discursos no son mas que justificaciones para compensar la falta de adecuación entre nuestros pensamientos y nuestras reacciones. De ahí que sea fácil comprender la pasión que encierran los debates. Con la excusa de pensar en el futuro de nuestro hijo, sobre todo estamos evitando nuestro pasado. No es tanto su culpabilidad lo que el padre teme encontrar, sino lo que él mismo sufrió cuando era niño.

Pero ¿eso significa que somos unos hipócritas? En absoluto. Somos completamente sinceros en todos los casos. Nuestro cerebro se ajusta a cada situación para reducir la incomodidad y acabar con la angustia creada por el desfase. Cuando se nos escucha sin juzgarnos, en la consulta del psiquiatra, por ejemplo, podemos sentirnos lo suficientemente seguros para enfrentarnos a dicha angustia, mirándola frente a frente, y tolerando la aparición de nuestras emociones inhibidas. Cuando somos capaces de soportar una cierta incoherencia y una cierta proporción de sentimiento de culpabilidad, es que estamos en el buen camino.

7

Insultos y desvalorizaciones

«¡Mira la gorda!» «¡Vaya adefesio!» «¡Eh, elefante!, ¿vienes o qué?» «¡Cuidado, que viene el bulldozer!» «¡El tontolaba ha sacado un cinco en mates!» «Con lo fea que eres, ¿cómo vas a gustarle a un chico?» «¿Quién te crees que eres? ¿La reina de Inglaterra?»

¿Le chocan estas frases? Por desgracia, no me las he inventado. Raros son los niños que nunca han sido insultados por sus padres. Estas desvalorizaciones son como bofetadas emocionales. Hieren al joven que las sufre, al adulto que las profiere y a la relación entre ambos. Nuestra historia personal nos lleva a creer que estas violencias verbales no tienen importancia. En los colegios los insultos abundan. Por otra parte, los adolescentes dicen: «Me han insultado», sin especificar nada más, y cuando un adulto protesta, le replican: «No lo entiendes, no pasa nada, es lo normal, todo el mundo habla así».

Pero cuando uno de esos quinceañeros atraviesa la puerta de la consulta del psicólogo, o cuando está en un grupo donde se le permite hablar con sinceridad, no dice lo mismo. Que te insulten hace daño y contribuye a la degradación de las relaciones con los otros. Los juicios y las desvalorizaciones envenenan el ambiente. En una clase en la que un adulto o un niño pueden insultar a otro sin que no haya nadie que diga que eso es inaceptable, nadie puede seguir sintiéndose seguro. Ni la víctima, ni los testigos pasivos ni tampoco el agresor. El cambio interior es sutil, inconsciente la mayoría de las veces. Ya nadie querrá correr el riesgo de expresarse libremente. Todos se limitarán a desempeñar su papel.

Y lo mismo sucede en las familias. Cada uno se pone el atuendo que le corresponde y representa su papel para ser aceptado. Algunos se identifican con su papel, creyendo que «son» así, y que la vida real es eso.

Y si estas actitudes de desprecio y denigración ya son dolorosas cuando vienen de un amigo, lo son todavía más cuando proceden de los propios padres. Aunque los insultos se suelan banalizar, hieren mucho más profundamente de lo que se suele creer.

En la pista de tenis, los comentarios paternos no paran: «¡Muévete, anda, menea un poco tu gordo culo!» Deborah se va angustiando. Cada pelota en la red provoca una nueva pulla: «Hija mía, la verdad es que eres un desastre». Cuando le pregunto, el padre de Deborah se justifica. «No la estoy desvalorizando, sino que intento picarla para que no se abandone. La estimulo porque sé que puede hacerlo. Si no, no le diría nada.» ¿Este padre cree en lo que dice? Así es como reduce la disonancia cognitiva, ¡pero para conseguirlo tiene que cerrar los ojos! Su hija se ha creado un caparazón para dejar de sentir. Se ha aislado en sí misma, se ha envuelto en una capa de grasa muy espesa para amortiguar los puyazos de su padre... Como es lógico, poco después abandonó el tenis. Como adora a su padre..., no lo cuestiona. Prefiere destruir su propia imagen. Carece notablemente de confianza en sí misma, pero no lo relaciona con la actitud de su padre. ¡Él es tan brillante, se le ve tan a gusto en la vida, y es tan generoso y tan servicial con todo el mundo...!

Sin embargo, su padre es un ser dominante. No le gustan los psicólogos y se niega a considerar su parte de responsabilidad en la carencia de seguridad interior que padece su hija: «Ella es así». Entonces, ¿qué beneficio saca de hacerla sufrir así? El de conservar su poder. No deja que la emoción entre en escena. Ha estado tan sometido, humillado y desvalorizado por su propio padre, que se comporta adrede de un modo cáustico, y no permite que sus emociones afloren. Más que controlar a su hija, en realidad son sus propios afectos los que intenta controlar, manteniéndolos inhibidos.

Algunas veces el impacto de las vejaciones se deja sentir al cabo de mucho tiempo. Marion acude a nuestra consulta porque no desea a su marido y hacer el amor con él no le causa placer. Buscamos en su pasado lo que pudo herirla en su sexualidad. La escucho. Me confía que continuamente le viene a la memoria una palabra pronunciada por su madre cuando ella tenía catorce años y se «atrevió» a salir con un chico para ir al cine: *puta*. ¿Cómo puede tratar una madre a su hija así? Por desgracia, se trata de un insulto frecuente en las bocas tanto de las madres como de los padres. Para Marion, la herida fue profunda. Desconcertada por la violencia de la agresión, creyó a su mamá y sacó sus propias deducciones: «Si estoy con un chico, soy una puta». Entonces anuló toda sensación sexual, en la ilusión inconsciente de que así conservaría la estima y el amor de su madre. Como una niña obediente, Marion sigue prohibiéndose a sí misma cualquier clase de placer, de deseo, poniendo en peligro su relación conyugal. En realidad, el insulto no iba dirigido a ella, pero no tenía medios de saberlo. Los hijos creen a sus padres. Y su madre jamás se excusó.

¿De dónde sacamos esos insultos? A menudo los hemos oído, o nos los han dicho cuando éramos jóvenes. Después, hemos borrado su lado agresivo y los hemos interiorizado, rechazando el sufrimiento. Se trata de una dinámica defensiva. El insulto se proyecta en el otro a fin de intentar acallar el dolor que sentimos por dentro. Detrás de un insulto siempre está nuestra propia historia, una herida que todavía nos hace daño, y nuestras emociones y necesidades.

Nuestros insultos no son inocentes. Los proyectamos sobre nuestros hijos, pero no tienen nada que ver con ellos. Tienen que ver con nuestras propias heridas. Nathalie tuvo a Marion fuera del matrimonio cuando tenía veinte años. Fue víctima del juicio de los demás, y del aislamiento y el rechazo por parte de sus padres. Entonces experimentó un inmenso desamparo. Y todas esas emociones fueron las que vinieron a llamar a las puertas de su conciencia cuando supo que su hija salía con un chico... Y como no quería oírlas ni revivirlas, entonces atacó: «¡No eres más que una puta!» Para no guardarlas, para no verlas en el fondo de su ser, proyectó esas terribles palabras en la figura de su hija.

Insultar, desvalorizar, juzgar, maltratar o injuriar no son métodos educativos, sino mera violencia, hasta, y sobre todo, cuando los padres son los autores de los insultos. Los juicios son manifestaciones del poder que se ejerce sobre el otro para no mirarse a sí mismo. Como dicen los niños: «¡El que lo dice lo es!»

Mientras le explicaba esta dinámica a un padre que acudió a verme para hablarme de su hijo, el hombre se rebotó: «¡Pero sin embargo es verdad que es una nulidad, sólo le estoy diciendo la verdad! ¿Cómo quiere que le diga que es genial? ¡Mire sus notas!»

Pacientemente le expliqué la diferencia que hay entre comprobación e interpretación, subrayando que «es genial» sería también un juicio y no una comprobación objetiva. «Las notas son inferiores a la media» es una realidad objetiva. «Es una nulidad» es una interpretación global, una definición del alumno y no de las notas. La interpretación es subjetiva en función de *nuestras* vivencias, de *nuestra* mirada, de *nuestro* punto de vista y no de *su* realidad. A menudo nos cuesta tanto establecer la diferencia que nuestra interpretación nos parece la única posible. Más aún cuanto que el niño, por sumisión y por necesidad de coherencia, tiende a adecuarse a lo que decimos de él. Este efecto ha sido estudiado* y ha pasado a denominarse «la realización automática de las predicciones». Cuando le decimos a nuestro hijo que es una nulidad, él entra en una dinámica (¿mecánica?) de fracaso: «Soy una nulidad; por tanto, es inútil que intente resolver este problema, no lo conseguiré...». En sus pensamientos y comportamientos se adecua a esta definición de sí mismo. Cada vez se parece más a la imagen que su padre se ha hecho de él, y lo confirma así en su idea.

Solemos olvidar que los niños dan lo mejor de sí mismos. Si no logran responder a nuestras expectativas, es porque lo que les pedimos o bien no está bajo su control, o bien se ve contradicho por nuestras expectativas inconscientes.

Entonces, ¿qué es lo que nos empuja a juzgarlos a pesar de todo? Nosotros también fuimos niños y por tanto deberíamos acordarnos del sufrimiento que experimentamos cuando nuestros propios progenitores también nos definieron negativamente. No nos acordamos de ello porque nos sentimos culpables, hemos aceptamos esa definición de nosotros y hemos encerrado nuestras emociones en nuestro corazón. Hemos pasado por esa experiencia, y sabemos muy bien hasta qué punto los juicios son antipedagógicos, ya que tuvimos la prueba de ello. Dichos juicios nos hicieron daño y no nos ayudaron a desarrollar nuestras capacidades. Y sin embargo los volvemos a proferir. ¿Por qué? Porque nos sentimos culpables, inferiores y desvalorizados por causa del juicio. Lo hemos interiorizado y creemos que es justo. Cuántos adultos al mirar hacia su pasado acaban diciendo de sí mismos que «era un crío malo, era débil e insoportable...», olvidando que estas actitudes tan sólo eran consecuencias y no causas.

Nuestros síntomas no son problemas, son soluciones, o más

---

* Robert A. Rosenthal y Lenore Jacobson, *Pygmalion en la escuela: expectativas del maestro y desarrollo intelectual del alumno*, Marova, Madrid, 1980.

bien tentativas de solucionar los problemas que nos salen al paso.

Cuando un comportamiento o un resultado de nuestro hijo no despierta nuestras heridas pasadas, la mayoría de las veces estamos preparados para identificar que dicho comportamiento tiene causas, que está relacionado con un problema más profundo. Y entonces primero nos centramos en la comprensión de la problemática y luego en la búsqueda de una solución, antes que dedicarnos a culpabilizar al niño. Por ejemplo, ante un boletín de notas desastroso, nuestra reacción será: ¿Qué ha pasado? Escucharemos y contemplaremos las diferentes causas posibles: falta de trabajo, de atención, defecto de comprensión, dificultades concretas, desfase intelectual, bloqueo respecto a la asignatura o al profesor... Nos pondremos a estudiar la relación entre nuestro hijo y su profesor. En resumen, pondremos las notas dentro de un contexto, sin olvidar que tan sólo son síntomas y que aún tenemos que identificar el mal que frena a nuestro hijo.

Si el termómetro marcara «39,5 °C», no se nos ocurriría pedirle a nuestro hijo que se esforzara para que su temperatura bajara. Sabemos que es un síntoma, y que se trata de diagnosticar el mal para remediarlo. De la misma manera, si nuestro hijo no saca buenas notas, es porque sucede algo que lo impide. Si no conseguimos poner el dedo en la llaga, tenemos pocas posibilidades de que las notas mejoren.

Nuestra cólera nos ciega. Olvidamos todo lo dicho y nos abalanzamos sobre nuestros hijos. Pero en realidad, la rabia que sentimos no está relacionada con las notas del niño, sino con nuestras propias vivencias inconscientes y con nuestras heridas. Esta es la razón de que, además de ser dolorosa para el niño, también sea ineficaz en cuanto a hacerlo progresar. Lo insultamos para reprimir mejor nuestras emociones. Pero la verdad es muy distinta, y es una verdad que nos concierne y nos dice:

«Cuando sacas una mala nota, me siento mal, es como si yo mismo la hubiera sacado.»

O bien:

«Estoy furioso porque tengo una mala imagen de mí mismo y me da miedo lo que los demás digan de mí.»

«Saqué tan malas notas de pequeño, que creía que era un don nadie, siempre me sentía humillado. Tú me haces revivir esa humillación.»

«Cuando me ponían una mala nota, me daban una paliza. ¡No me lo recuerdes!»

«Siempre saqué buenas notas; ni te imaginas lo que me sacrifiqué y cuánto trabajé para lograrlo... Por tanto, no soporto que tengas una vida más fácil que yo.»

«Trabajo duro para que puedas ir a la escuela. Cuando veo tus resultados, me parece injusto...»

Desvalorizar es ejercer el poder sobre el otro, pero sobre todo intentar ejercer el poder sobre las heridas de la propia historia. Es intentar torpemente sacar al niño que un día fuimos del estado de desvalorización en el que permanece encerrado. Pero cada vez que humillamos a otra persona, más que liberar a ese niño estamos dando una nueva vuelta a la llave del cerrojo.

De nada vale culpabilizarse si nos sorprendemos pronunciando un juicio que desvaloriza a otro. Contentémonos con interrumpirnos, con pedirle excusas a nuestro hijo, y luego dediquémonos a escuchar la resonancia que ese juicio específico tiene en nuestro interior. ¿Qué dice de mí? Es una puerta de entrada hacia mi historia.

8

Cuando no podemos controlar los golpes

—No me gusta nada que mi madre me dé bofetadas.

—¿Qué sientes cuando tu mamá te pega?

—Me duele; primero se me pone la mejilla roja y luego me enfado.

—¿Qué te dices a ti mismo?

—Me digo que no me quiere demasiado.

La madre de Sylvain, un niño de ocho años, me lo había traído porque no se portaba bien. No escuchaba y hacía tonterías.

—¿Sabes por qué te pega?

—Porque hago tonterías.

—¿Y te parece que así no lo harás más?

—No lo hice a propósito.

—¿Qué puedes hacer para que deje de pegarte?

—Tengo que dejar de hacer tonterías y prestar más atención.

—¿Puedes hacerlo?

—No, porque no lo hago a propósito.

¡Está bien claro! Las bofetadas no tienen el poder de ayudar a Sylvain a modificar su comportamiento. Pero tienen el de hacer que se sienta indefenso y culpable.

A menos que los golpes sean verdaderamente violentos —y por desgracia a menudo hasta en este caso—, los hijos tienden a disculpar a sus padres. Encuentran normal que les peguen y lo justifican porque han sido malos, desobedientes y han hecho tonterías. Pero lo peligroso —más que el dolor físico, y que hace que hasta el más leve cachete sea nocivo— es que el niño se ve a sí mismo «malo», llegando a pensar que sus padres tienen derecho a disponer de su cuerpo. Monique Tazrout lo expresa con mucho acierto en esta frase: «El cuerpo deja de ser un simple objeto que recibe golpes, convirtiéndose en la huella de los golpes recibidos, y el niño es el que se siente herido en su propia persona».* La huella de los golpes recibidos es exactamente eso.

Aunque los golpes puedan dar lugar a una modificación del comportamiento en un plazo muy corto, la mayoría de las veces son inútiles. Todos los padres lo saben por experiencia, lo que no les impide seguir haciéndolo, ya que su motivación efectiva es inconsciente. Algunos padres lo reconocen, pero otros no. En un estudio realizado en este sentido se preguntó a mil madres** que habían recurrido a los castigos corporales en el curso de los seis meses precedentes: el 54 % de ellas reconocieron que, en la mitad de los casos, pegar a sus hijos era lo peor que podían haber hecho.

Otro estudio*** mostró que el 85 % de los padres que pegaban a sus hijos decían estar preparados para dejar de hacerlo si se encontraban mejores alternativas. Reconocían que las azotainas sólo tenían eficacia a muy corto plazo.

Los padres se muestran más favorables que las madres a los castigos corporales. Perciben menos que ellas los efectos negativos de los golpes. Desconocen el impacto psicológico y físico de las azotainas que reciben sus hijos. Hay estudios que muestran

---

* Monique Tazrout, *Le journal des psychologues*, febrero, 98, n.º 154.

** Estudio llevado a cabo en Minesota (EE.UU.).

*** http://www.niclaquesnifessees.org/index.html y http://monsite.wanadoo.fr/oliviermaurel

que los padres tienen una estimación muy mala de las posibilidades de sus bebés. Pero como ellos también fueron hijos, estos resultados pueden relacionarse así con el hecho de que a los chicos se les suele pegar más que a las chicas, las cuales sufren más humillaciones y vejaciones de tipo psicológico.

Pero cuando se les ayuda e informa los padres cambian. Se ha puesto en marcha un programa educativo de diez semanas destinado a los padres, con el resultado de que los que han participado en él han reducido notablemente los castigos corporales. Los efectos han sido múltiples. Las conductas antisociales de 807 niños de entre seis y nueve años han disminuido cuando sus padres en vez de pegarles se han decantado por otros métodos disciplinarios.

«Se diría que está buscando que le peguen», sin embargo, eso no es cierto; a pesar de que las apariencias digan lo contrario, se impone un análisis. Cuando a alguien le pega la persona que se supone que tiene que protegerle se produce una disonancia cognitiva. Las proposiciones «Mamá es mi protectora» / «Mamá me hace daño» son incompatibles. Unas veces el hijo pone en cuestión la primera parte, y otras la segunda. Ahora bien, es más fácil creer que «eso no me hace daño de verdad» que «mamá no me protege». Sobre todo cuando la madre tiende a confirmar esta versión: «Te pego por tu bien, no para hacerte daño». Pero sí que le hace daño. Y como la situación le resulta incomprensible, para intentar darle un sentido el niño sigue comportándose del modo que dio lugar a que su madre le pegara. Para reducir la disonancia cognitiva, se insensibiliza y actúa como si no lo estuviera pasando mal, y los golpes se encadenan.

Son raras las veces que los padres pegan a sus hijos porque han hecho una tontería. Les pegan por reflejo, por costumbre y por ignorancia, pero sobre todo porque están agotados y se ven desbordados por sus sentimientos de impotencia. Como ya no saben qué hacer y no son capaces de controlar su afectos, les pegan para seguir controlando el poder; a través de las heridas que les infligen a sus hijos, creen que siguen siendo alguien importante. Cuando hacemos daño a alguien estamos intentando restaurar nuestra propia valía.

Puedo hacer daño = ostento el poder = soy poderoso.

«¡Es como una liberación; después me siento mejor!», me dijo una madre. Mientras pegamos a alguien, nos vemos invadidos por un impulso de destrucción, de ansias de poder y de esclavizar al otro. Y aunque posiblemente nos parezca que se trata de una sensación liberadora, al pegar no hacemos más que reprimir nuestras verdaderas emociones.

Los padres más irritables, deprimidos, cansados y estresados son los que más recurren a los castigos corporales; castigan a su hijo con arreglo a lo que ellos sufren y no con arreglo a lo que el niño hace o no. Todos los padres —o casi todos—, han levantado la mano un día a sus hijos. Pero no podemos seguir cerrando los ojos, eso no es un método educativo, sino un impulso de violencia que podemos aprender a dominar.

Así pues, ¿qué sucede para que seamos capaces de insultar, culpabilizar y desvalorizar a las personas a las que queremos más? Nunca nos atreveríamos a tratar así a un colega o a un amigo. ¿Qué es lo que pasa para que seamos capaces de hacer tanto daño a nuestro bien más preciado?

9

Una historia de estatus

«¡Quieres vestirte como es debido!», le grita Sophie a su hija de doce años. Su virulencia hace que se asombre de sí misma. Entonces, ¿qué es lo que le provoca semejante furor?

Sophie analiza: «¿Qué es lo que pasa? ¿Contra qué y contra quién estoy furiosa?» La respuesta se impone: ¡Desde esa misma mañana, va acumulando rencor contra... su marido! A pesar de que se ven muy poco, éste se ha pasado el día delante del ordenador. ¿Pero cómo iba a atreverse a decirle algo? ¡Si había estado instalando programas para su hijo mayor! Por otro lado, a Sophie le parecía bien que su marido le dedicara tiempo a este último. Sin embargo, se sentía frustrada por no haber podido satisfacer sus necesidades de proximidad e intimidad respecto a su marido, y, como no se había atrevido a pedírselo o a reconocerlo, ha ido acumulando resentimiento. Bien cerrada y colocada desde la mañana sobre el fuego, la temperatura de la olla a presión seguía subiendo... El episodio con su hija le permitió liberar un poco de tensión. Pero por desgracia ese recurso no es demasiado eficaz, porque descargar la cólera contra un objeto sustitutivo no consigue que los sentimientos negativos desaparezcan. Y más aún cuando en general uno se siente un poco culpable ante esta salida tan excesiva como poco adecuada. Sophie no se siente ni liberada, ni más calmada. Si no se hubiera dado cuenta a tiempo de lo desproporcionado e inadecuado de su reacción, había muchas posibilidades de que el resto del día hubiera transcurrido en un clima parecido.

Claro está que es posible que, en su adolescencia, Sophie haya tenido algún altercado con su propia madre por el tema de la ropa, y que, por tanto, la manera como se viste su hija despierte en su memoria algún conflicto sobre este asunto..., pero no nos engañemos: la represión de la cólera que sentía contra su marido era lo que le provocaba su estado nervioso. Estaba tensa y proyectaba su tensión en su hija.

Unas veces, una gota de agua basta para que rebose el vaso: un detalle, o un paso en falso de nuestros hijos y nos ponemos a gritar, pero otras, nuestros hijos no hacen nada en absoluto. Su estatus de inferioridad basta para exasperarnos. Su dependencia y sus expectativas nos resultan insoportables. Y hasta en ocasiones nuestros hijos nos provocan, porque los niños no sólo no se defienden contra las proyecciones de que son objeto, sino que tienden a justificarlas. Es como si se pusieran inconscientemente al servicio de las necesidades emocionales de sus padres. Al percibir la cólera interior de sus padres, pueden provocarlos a fin de que liberen la emoción que mantienen bloqueada. Sin embargo, en realidad el hijo no se pone al servicio de su padre por altruismo, sino que percibe la tensión de su padre o de su madre sin poder decir nada porque sus padres no hablan de ello y no lo asumen. Él también se siente tenso, sin poder identificar el porqué. Dependiendo de la edad que tenga, preferirá llorar, moverse para liberar su tensión, correr de un lado a otro, saltar, hablar a gritos, lloriquear, coger una rabieta, llamar la atención, vestirse de cualquier manera, robar un ciclomotor, ponerse un piercing, etc. Todos ellos comportamientos difíciles de tolerar para el adulto que por dentro está lleno de cólera. Y al final el padre estallará: «¡Se lo ha buscado!», concluirá, prefiriendo seguir ignorando los verdaderos motivos de su actitud.

No podemos dejar de decir que no siempre es sencillo identificar las verdaderas causas de nuestra cólera. A fin de cuentas, las hemos reprimido y nos ha parecido más seguro no manifestarla. Y a menudo hemos borrado de nuestra memoria lo sucedido, por no hablar de que las raíces de nuestro furor pueden provenir de épocas muy lejanas.

Los diferentes acontecimientos del día a día despiertan sentimientos que se mantienen soterrados, y a menudo el hijo se convierte en víctima del furor de sus padres porque éstos tienden así a «proteger» su relación de pareja. Nuestro cónyuge puede rechazarnos, pero nuestro hijo no... Y además, a menudo la educación recibida nos ha enseñado que el hecho de ocupar una posición de poder respecto a los otros nos da derecho a expresar nuestra furia. Nuestros padres nos lo han demostrado.

Está bien claro que, para su desgracia, nuestro hijo nos intimida menos que nuestro marido o nuestra suegra. Y la tentación de que sea él el que cargue con las culpas de los demás es muy fuerte. Los sentimientos de cólera que mantenemos reprimidos contra los demás, ya se trate de nuestro marido, o de un colega, jefe, suegra o vecino, tienden a revertir en nuestros hijos, simplemente porque pertenecen a un estatus «inferior» y dependen de nosotros.

10

Cuando el niño nos lleva la contraria

«No soporto que me diga que no.»

«Mi hija no tiene por qué plantarme cara.»

«La última palabra siempre tiene que ser la suya, pero ahora verá quién manda aquí.»

«Tiene genio, pero yo sabré dominarla.»

«Es un rebelde.»

«No me gusta que se me resista.»

Cuando el padre interiormente no tiene un sentimiento muy sólido de sí mismo, o cuando no está seguro de cuál es su lugar, puede reaccionar mal a las manifestaciones de oposición de su hijo. En vez de entender sus protestas como manifestaciones del sentimiento de la propia identidad del niño, cree que van dirigidas contra él. La expresión del *no*, en la que el niño se posiciona en relación a sí mismo, pasa a adquirir un sentido relacional. El padre la interpreta como una afrenta personal.

Es como una cinta sin fin. Cuanto más los padres ejerzan su poder sobre el hijo, mostrándose cada vez más autoritarios, más obligado a defenderse se verá éste para mantener su sentimiento de identidad. Atrapado en este juego de poder, al niño sólo le quedará la opción de oponerse a sus padres para no negarse a sí mismo, levantando murallas de negativas y protestas contra los ataques paternos. El *no* pierde entonces su sentido y sus funciones originales, que consistían en permitirle al hijo elaborar las fronteras de su identidad y responder, en primera persona, a las preguntas: «¿Qué soy y que no soy? ¿Qué quiero? ¿Qué siento? ¿En qué pienso? ¿De qué tengo ganas?, y, en definitiva: ¿Quién *soy*?»

Si el padre reprime cualquier protesta o negativa por parte del niño, la oposición tiende a sistematizarse, adoptando un estilo relacional, y transformándose en un permanente juego de poder en el que el padre tiende a acusar al hijo porque se olvida de que él es quien lo ha iniciado.

«¡Si se cree que va a poder conmigo...! / ¡Quiero que reconozca quién manda aquí! / ¡Que ni se le ocurra intentar plantarme cara! / ¡Tiene que obedecer! / ¡Al final, lo domaré!» Los padres que hablan así lo hacen apelando a su jerarquía, al lugar que ocupan, así como a su superioridad y a la relativa inferioridad de sus hijos.

La clave para salir de este círculo vicioso está dentro del padre. Ningún niño se rebela o se opone a sus padres por placer. Si lo hace, es porque cree que esta es la única solución que ha sido capaz de encontrar para responder a sus necesidades.

No soportar que se nos opongan equivale a no soportar que el otro es un ser independiente y diferente, ni soportar que tenga una identidad propia. Por supuesto, nadie querrá reconocer que no permite que su hijo se construya su identidad, o que necesita ejercer el poder sobre su hijo para sentir que existe... No obstante, faltaría saber si un padre que soporta mal la oposición de su hijo tiene interés en plantearse cuestiones acerca de su propia identidad. Más allá de las apariencias, más allá de la máscara que todos hemos aprendido a llevar para que se nos acepte socialmente, ¿quién soy? ¿Poseo un sentimiento profundo de mi identidad? Cuanto más arraigado tengamos el sentimiento de nuestra identidad, más fácil nos resultará tolerar la oposición... y, por tanto, ésta será menor porque nuestro hijo tendrá menos necesidad de defenderse.

Veamos, por ejemplo, lo que podría pasar si fuera la madre de una niña de tres años delante del armario ropero.

Si mi sentimiento de identidad es débil, quiero que mi hija se ponga el vestido que he escogido. Si ella accede de buen grado, me siento confirmada en mi persona: he elegido «bien», estoy orgullosa de mí misma. Si se niega, puedo interpretar que me he equivocado en mi elección, y me siento cuestionada en mi capacidad de ser una buena madre.

En cambio, si mi identidad es sólida, sé que mi hija necesita escoger por sí misma. Le propongo que se ponga el vestido azul o el rojo. Le permito elegir porque, independientemente del color del vestido, yo sigo siendo la misma persona.

11

¿Caprichos?

Mathis se echa a llorar de rabia porque no consigue meterse la cuchara en la boca. Su madre se la quita de las manos e intenta alimentarlo, provocando, evidentemente, que arrecie el furioso llanto del pequeño. La madre se siente indefensa, culpable y se pone nerviosa. Al percatarse del estrés de su madre, el niño berrea aún más.

«Mi hijo es insoportable —estalla la madre—, no aguanto más sus caprichos.» Siente en su interior una intensa agresividad contra su bebé, pero se niega a reconocer que está furiosa; sobre todo no quiere llegar a pensar que es «mala», por lo que le atribuye dicha maldad a su hijo, proyectando sobre él su cólera y colocándole la etiqueta de: «Eres feo y caprichoso».

El hijo, aterrorizado, no tiene otro recurso que creer a su madre, aunque sin ser capaz de comprender qué es lo que ha podido ponerla en ese estado. Él no ha hecho nada malo. Es una víctima... Y en lo sucesivo creerá que es malo y se sentirá culpable.

La madre defiende su inocencia, viéndose a sí misma como una víctima de su hijo. Él es el que la «vuelve loca», el que hace que se «salga de sus casillas», él que la persigue. El niño necesita tanto a sus padres, que no puede permitirse aceptar sus debilidades. Para él son omnipotentes y necesita absolutamente pensar que siempre son justos, buenos y competentes. Los idealiza. Para proteger a sus padres de los sentimientos negativos que le inspiran, los vuelve contra sí mismo, aceptando así lo que éstos dicen de él: «Soy malo». El niño, herido, llega a creer que le han pegado porque es culpable.

Cuando los padres no saben decodificar lo que está sucediendo, pueden deducir que el niño no tiene ninguna razón para comportarse de ese modo, concluyendo de una manera bastante trivial que «no es más que un capricho». Lo que no sólo comporta una desvalorización de su hijo, sino también del problema.

Según el diccionario *Petit Robert* uno de los significados de capricho es:

1. Determinación arbitraria, envidia súbita y pasajera, basada en la fantasía y el humor. Disposición a actuar con inconstancia, ligereza e inestabilidad, pero también por deseo y envidia, alocadamente, o por antojo o capricho.
2. Cambios frecuentes, seguir los caprichos de la moda.
3. Amorío, amor, capricho poco duradero.
4. Exigencia acompañada de cólera.

Es fácil percibir el lado inconstante, no razonado, irracional y fútil de esta palabra. En la mente del padre, las exigencias de su hijo no están vinculadas a una necesidad, sino a un deseo superficial: son un antojo. Su cólera no está justificada.

Para los padres, la expresión «Es un capricho» es simple y cómoda, ya que entonces pueden arreglar el problema por medio de órdenes, amenazas, o castigos. Pero así sólo conseguirán calmar la situación durante un tiempo, porque este sistema tiene el gran inconveniente de no resolver el problema. Lo que los padres denominan *capricho* es, en realidad, la expresión de una necesidad y de una vivencia emocional, por lo que el problema resurgirá tarde o temprano.

Daphné y Pascal acuden a mi consulta con su hijo de cuatro años. Axel es un niño despierto, autónomo, pero desde el primer día, en la escuela, llora y llama a su mamá continuamente. Para Daphné, es un calvario dejarlo por la mañana. Para Pascal, sólo es un capricho. Lo trivializa. «No hay que hacerle caso, ya se le pasará.» No obstante, la verdad es que ha accedido a venir a verme junto con su mujer y su hijo, y se muestra abierto a explorar otros puntos de vista. Daphné es más sensible ante el desamparo de su hijo, pero se siente incapaz de solucionarlo.

Axel pronto cumplirá cuatro años, y este es su primer año de parvulario. Como es un pequeño muy despierto, deseoso de aprender, sociable y bastante autónomo, sus padres esperaban que le encantara tanto la escuela como a su hermana mayor. Pero desde el principio, se agarra a su madre y se niega a que lo deje. Convencida por la profesora de que tan pronto como ella se haya ido Axel dejará de llorar, Daphné se marcha. Por la tarde, se entera de que Axel se ha pasado llorando una buena parte del día. «Ya verá cómo se le pasará, se acostumbrará», le dice la maestra. Pero no, no se le pasa. Cada mañana, Axel se desespera cuando llega el momento de la despedida, aterrorizado ante la idea de que su madre no vuelva. Reacciona como si temiera que lo abandonaran. Bien es verdad que Axel está muy unido a su mamá, pero precisamente ella creía que le había transmitido la seguridad que el pequeño necesitaba. Daphné trabaja, por lo que Axel está acostumbrado a que le cuiden fuera de casa junto a otros niños. Así pues, ¿cuáles pueden pues ser las causas de que la escuela despierte en él unas emociones tan intensas? El pequeño tiene miedo de que le abandonen. ¿Acaso se trata de la reactivación de un abandono del pasado? Buceamos en su historia. No, Axel no ha vivido una separación que haya podido resultarle traumática, ni siquiera en la guardería.

Cuando en el pasado «real» del niño no hay nada que pueda explicar su reacción, hay que buscar un poco más lejos, en el inconsciente de ambos padres. En un primer análisis, no se observa nada de particular en ninguno de los dos. La sesión consigue despertar el interés del padre, por lo que decide inscribirse en un curso de gramática de las emociones.* Durante un ejercicio de expresión emocional, de repente, nota como un pinchazo en el vientre. Se ve embargado por un sentimiento de carencia, del desamparo ocasionado por la pérdida y de soledad. «¡Me abandonó!» Al revisar las imágenes del pasado, una cara se impone sobre las demás: la de su niñera. Se acuerda de la desesperación que sentía cuando ésta se fue. Era tan pequeño... ¿Cuántos años debía de tener exactamente?

Al volver a casa, decide preguntar a su madre, la cual le dice: «¿Aún te acuerdas? ¡Hace tanto tiempo... ¿Que qué edad tenías cuando se fue? ¡Lo recuerdo bien, es fácil, la despedimos cuando ingresaste en la escuela! Pero ¿por qué me lo preguntas? Lo viviste muy bien, no dijiste nada y ni siquiera lloraste. Todo fue de maravilla.»

Las cosas empezaban a aclararse.

Como Pascal iba a la escuela, para sus padres era lógico que ya no necesitara una niñera cada día. Con una persona que fuera a recogerlo por la tarde bastaría. Pero para el pequeño era todo un mundo el que se derrumbaba. Su madre no era demasiado cariñosa y casi nunca estaba. Su ama le había hecho de madre, ella era la que lo mecía en sus brazos cuando lloraba por la noche, la que lo consolaba, la que se lo comía a besos... Pero se había ido, y con ella su olor, su calor y sus mimos, llevándose consigo toda la seguridad de Pascal. Ella se había marchado y a él lo llevaron a la escuela. A un espacio nuevo, sin puntos de referencia.

---

* Para más información sobre el curso «La gramática de las emociones», véase www.filliozat.net

Según la madre de Pascal, todo había ido muy bien; el niño se había adaptado perfectamente a su nueva vida escolar, y la marcha de su institutriz no le había afectado. Como no había visto ni había oído nada, había deducido que, para el pequeño, «todo iba de maravilla». Pero la verdad es que no había visto nada porque no miraba. No había oído nada porque no escuchaba. Sin espacio para llorar y expresarse, Pascal había hecho un pequeño paquete con su dolor y, apretándolo mucho, lo había encerrado en su interior. Para continuar viviendo, había borrado hasta la memoria de su niñera. Una memoria que sólo había reaparecido cuando por fin le dieron permiso para expresar su rabia y sus lágrimas.

Pascal recuperó la intensidad de los afectos de antaño, lloró a su ama, volvió a experimentar la cólera de sentirse abandonado, y consiguió que el miedo y la soledad que sintió cuando era niño fueran escuchados. Después, fue capaz de contarle a su hijo lo que había vivido cuando tenía su misma edad. Axel lo escuchó atentamente. A partir de la mañana siguiente, después de darle un beso a su papá, corrió a reunirse con sus compañeros de escuela. No lloró en todo el día.

La transformación fue espectacular. Las emociones que manifestaba Axel no eran del todo suyas, sino que repetía lo que su padre había vivido. Y éste, al verbalizarlas, le había liberado de la carga.

Aunque no siempre sea fácil comprender qué es lo que le pasa a un niño, abstengámonos de llegar a conclusiones apresuradas y caprichosas. Cuando los padres no consiguen captar las motivaciones de los comportamientos de sus hijos, a la fuerza reaccionarán de una manera inapropiada, activando en ellos nuevas emociones que sólo servirán para desconcertarles aún más. Para hacerse de nuevo con el control de la situación, los padres se sienten tentados a imponer su autoridad, a castigar y a juzgar a sus hijos; sin embargo, sólo consiguen agravar el problema y alejarse cada vez más de ellos.

12

¿Quién tiene el poder?

¿Quién tiene el poder? Esta es una pregunta que los padres se formulan algunas veces. Los defensores del método autoritario reivindican el poder del padre sobre el hijo. Otros se inclinan más por las relaciones basadas en el respeto y sin juegos de poder. Ya hemos hablado de los caprichos, considerados como juegos de poder del hijo sobre el padre y que, en realidad, muchas veces son juegos de poder del padre sobre el hijo. De hecho, desde el momento en que nos formulamos la pregunta de «quién tiene el poder», nos vemos inmersos en un juego de poder.

¿Cuáles son nuestras opiniones sobre el tema del poder? ¿Y qué debemos hacer para vivirlas de manera sana y constructiva?

El recién nacido ejerce un cierto *poder* natural sobre sus padres: *Puede* llorar, regurgitar, o despertarse a cualquier hora... Él manda. Pero de eso a interpretar que, porque se comporta así, *detente* el poder sobre sus padres, hay un abismo que, por desgracia, algunos intentan salvar alegremente. Por otro lado, a los padres que cuando eran pequeños recibieron poca atención les cuesta mucho darla y tienden a proyectar sobre su hijo el control que sobre ellos ejercieron sus propios padres. Se rebelan, se enfadan con su bebé e intentan llegar a la conclusión de que todo se debe a las influencias que éste recibe. «Llora para que lo cojan en brazos.» Y aunque seguramente sea así, ¿eso lo explica todo? El bebé intenta satisfacer una necesidad. El adulto, enredado en sus propias ideas sobre el poder, tiende a interpretar: «Está intentando manipularme».

Daniel no juega con sus hijos. Considera que tienen que aprender a divertirse solos, y, cuando vuelve del trabajo, se sumerge en la lectura del periódico o se pone a navegar por Internet. Tiene unas ideas muy firmes sobre lo que deben hacer los niños, y no está dispuesto a modificar nada de su vida cotidiana para hacerles sitio. Desde que nacen, los niños no pueden hacer ruido, tienen que dormir a las horas fijadas y adaptar sus horarios a los suyos. ¡Ni hablar de dejarles un resquicio de poder que pueda modificar su vida! «¡No podrás obligarme a hacer algo que yo no quiera!» En realidad, Daniel se está dirigiendo a su padre. Pero como no se atreve a enfrentarse con él, le resulta más fácil negarle cualquier clase de poder a su bebé.

Sin llegar a la rebelión de Daniel, cuando el padre no tiene claro el tema del poder, le cuesta controlar todas las situaciones de confrontación o de conflicto. Cuando el niño se le enfrenta, se niega a comer, a dormir o a ponerse los zapatos..., el padre tiende a interpretar que, a través de estos hechos y gestos, su hijo intenta arrebatarle el poder: «Me esta buscando». «Quiere probarme.»

Jade, una pequeña de dieciocho meses, a pesar de que se lo han prohibido abre el armario, observando ostensiblemente la reacción de su mamá. «Me provoca, intenta ver hasta dónde puede llegar», opina, Valérie, su madre. Pero a esa edad el cerebro del niño no está lo suficientemente maduro como para que éste pueda repetirse a sí mismo una prohibición que le llega del adulto. Al suspender por un instante su gesto, quedándose mirando al adulto, el pequeño muestra un principio de integración; pero, por desgracia, muchas veces este último cree que lo está provocando, mientras que sólo se trata de una especie de llamada. El niño repite un gesto para conseguir que su padre repita sus palabras. Si el padre grita, el niño también tenderá a repetir su gesto, tal como vimos más arriba con la pequeña que tiraba piedras, para asimilar esa extraña reacción y para intentar controlar la secuencia «tiro piedras, y papá grita». Nuestros pequeños tienen más tendencia a preguntarse «¿cómo funciona la vida?» que a pensar «quiero fastidiar a mi mamá».

En el transcurso del tercer año, el niño ya va siendo capaz de repetirse las reglas a sí mismo, pero todavía de una manera silenciosa, dentro de su cabeza. Las dice en voz alta, haciendo precisamente lo que dice que no puede hacer... «No se puede tocar el cajón de papá», dice compungido, abriendo el cajón. Y los padres tienden a interpretarlo como un desafío a su autoridad. La misma gravedad con la que el pequeño pronuncia la prohibición debería alertar al padre. No adopta un aire insolente, sino que se pone muy serio: está trabajando para integrar lo que le han prohibido.

Según su papá, Erica es tremendamente caprichosa. No quiere vestirse, no quiere salir a pasear cuando él lo decide, etc. A veces nos gustaría que nuestros hijos nos obedecieran sin discutir. Pero desgraciadamente también ellos quieren ser personas, tener su propia personalidad y, por lo tanto, decidir. Erica sólo tiene dos años. Su papá la obliga y salen. Pero para que deje de gritar le da el chupete. Después salen a pasear. Ella, chupeteando sentada en su sillita. Él, charlando con su hermano. Un poco más tarde, el padre considera que ya ha chupeteado bastante. Afortunadamente, no es demasiado autoritario y le dice a su hija: «¿Me das el chupete?» ¡Por fin una pregunta! Pero por ahora Erica todavía no puede decirle que sí. Primero necesita verificar que la pregunta de su padre es una verdadera pregunta y no una exigencia. Para que su sí sea un sí de afirmación y no de sumisión, Erica primero le dice:

—No, todavía no.

Un poco más tarde, se quita el chupete de la boca.

—¿Ahora? —le pregunta su papá un poco apresuradamente.

—No, todavía no.

Sujeta el chupete durante unos instantes y después se lo da.

Al dejarla elegir, su padre le ha permitido conservar la dignidad, sentirse una persona de verdad. En este caso hay tres ganadores: la hija, el padre y la relación entre ambos.

Al no prestar demasiada atención al tema del poder, René, el padre de Erica, no «necesita que le obedezcan para sentir que existe». Pero sí necesita que le obedezcan para que su propia imagen no salga perjudicada. «Quiero que mis hijos me respeten», se dice para justificar los azotes que ciertos padres les infligen a sus hijos. Pero los hijos no los respetan: ¡los temen! Estas dos palabras todavía van juntas con demasiada frecuencia. Sin embargo, temor y respeto son antinómicos. El verdadero respeto consiste en mirar al otro. Ahora bien, cuando tememos a alguien ni tan sólo nos atrevemos a levantar la mirada en su presencia. En el respeto hay algo de admiración, es como si miráramos cómo vive su vida la otra persona. «Respeto», dicen los jóvenes de hoy cuando se sacan la gorra. Cuando una persona no se siente digna de ser respetada procura imponerse por medio del temor. Se muestra autoritaria porque no tiene autoridad natural, su autoridad no procede de su competencia, no tiene confianza en sí misma, o, simplemente, carece de competencia. Ejercer el poder sobre el otro es un intento de evitar su mirada.

Cuando una persona se siente demasiado impotente, cuando en su vida hay demasiados «no puedo más», puede ceder a la tentación de hacer uso de la fuerza para obligar al otro. La constatación de su poder sobre el otro, aunque sea su hijo, le produce la ilusión de que es fuerte. A falta de *poder* a secas, tendemos a abusar de nuestro *poder sobre* para intentar restaurar nuestra imagen al menos un poco. Cuanto menos fuerza personal tenga el padre, más intentará ejercer el poder sobre su hijo, mostrándose autoritario.

Cuando el adulto recurre al poder, pierde credibilidad. Pero para conservar la ilusión de que sus padres le protegen, muchas veces el niño prefiere desvalorizarse a sí mismo. Idealiza a sus padres, justifica su autoritarismo y se autoacusa. El culpable es él. Los niños necesitan tener «buenos padres» porque, si no, su seguridad peligraría. Para ellos es importante justificar los actos paternos.

—Mi papá me pega porque soy malo.

—A ti no te gusta que te peguen. ¿Por qué entonces continúas portándote mal?

—No lo sé.

—Lo que hace tu papá no está bien.

(Silencio.)

—Soy un demonio.

—¿Lo haces a propósito?

—¡No!... Sé que no hay que hacerlo, pero a pesar de todo, lo hago.

El padre le pega a su hijo para enseñarle a dominar un comportamiento que no está bajo su control. Sería bastante más preferible que le ayudara a ser capaz de controlar su comportamiento, pero para ello haría falta que el propio padre supiera controlarse mejor a sí mismo.

Zoé cuenta las pulsiones destructoras que siente respecto a su hijo. Dice que tiene unos sueños horribles en los que utiliza la violencia contra su bebé. Y también en sus actos. Un día, colocó a su bebé sobre el asiento de atrás sin atarlo, y al primer frenazo el pequeño se cayó. Aunque estaba muy arrepentida, lo había hecho. Me cuenta lo difícil que le resulta que ese pequeño ser dependa completamente de ella. No soporta la responsabilidad que debe asumir sola, pues el padre del niño se negó a reconocerlo. Por otro lado, a ella también la trataron con violencia cuando era pequeña.

Los padres somos adultos, mucho más grandes y más fuertes físicamente que nuestros hijos. Somos capaces de formular hipótesis, deducciones y de resolver problemas. A lo largo de los años vividos, hemos ido adquiriendo experiencia, poseemos todo tipo de conocimientos, y sabemos utilizar muchos instrumentos y técnicas. Todo ello hace que debamos ser personas responsables. Y aunque las capacidades de los niños pequeños son fascinantes, sin embargo, aún necesitan a sus padres. Aprenden toda clase de cosas «por sí mismos»; es decir, por imitación inconsciente y por medio de la experimentación. Llegan a dominar habilidades tan complejas como andar o expresarse en su lengua materna. Pero ¿lo hacen ellos solos? Los niños que están verdaderamente solos no aprenden nada en absoluto. No andan ni hablan. Para favorecer su aprendizaje, tienen que darse juntas ciertas condiciones de seguridad afectiva y de su entorno. Los niños tienen derecho a beneficiarse de dichas condiciones, que, por otra parte, están garantizadas por la Declaración de los Derechos del Niño.*

Sin embargo, las relaciones con el poder no son nada sencillas... Y una persona que tiene poder sobre otra tiende a abusar de ello, tal como lo subrayó Montesquieu en *El espíritu de las leyes*.

El «poder sobre» está en el origen de la violencia, y a menudo se deriva de la dificultad de poner en práctica el «poder» de uno mismo. El término *poder* es un verbo. «Tengo poder» significa «puedo / poseo la capacidad de». En este sentido, los bebés tienen poco poder, y, los adultos, mucho.

«Puedo» también significa «soy libre de», como en la frase «puedo ir al cine», que es lo mismo que decir «soy libre de ir al cine».

Cuando descubrimos que tenemos más «poder» que nuestro vecino, podemos sentirnos tentados de llegar a la conclusión de

* Adoptada el 20 de noviembre de 1959 por la Asamblea General de Naciones Unidas.

que somos superiores a él. Y ello nos da prerrogativas, más derechos, e incluso derechos sobre él. Así es como una persona puede pasar dc «poder», a secas, a tener «poder sobre».

Cuando el otro es dependiente, el «poderoso» puede verlo como su vasallo, teniendo, pues, deberes respecto a él. Así es la dinámica feudal: el señor asegura la protección del siervo, y éste tiene deberes respecto a él y pocos derechos.

Antiguamente, los padres tendían a pensar que tenían todos los derechos sobre sus hijos y que éstos tenía deberes respecto a ellos. Paralelamente al nacimiento de la idea de los Derechos del Niño, el poder de los padres se vio considerablemente reducido por la ley. Un padre ya no tiene derecho a matar a su hijo. Ni tampoco tiene derecho a violarlo o a maltratarlo gravemente. No tiene derecho a abandonarlo en la calle. Pero por desgracia, los niños no siempre saben estas cosas, y se asustan y sufren cuando sus progenitores se enfurecen y les amenazan, diciéndoles: «¡Te mataré!» O algo más frecuente: «Si no vienes, me iré y te dejaré solo». La limitación de los poderes protege los derechos. Los derechos y los deberes están en el núcleo de los conflictos entre los padres y los hijos.

Los padres son responsables del bienestar y del buen desarrollo físico y afectivo de sus hijos. Es una responsabilidad inmensa, que a veces resulta muy pesada de soportar. Cuando nuestra historia con el poder es sana, no tenemos demasiadas dificultades para asumir tanta responsabilidad. Sabemos ejercer un poder natural. En cambio, cuando hemos tenido que soportar en nuestras carnes el poder de otras personas, especialmente el de nuestros propios padres, cuando nos hemos visto humillados, impotentes, burlados y desprovistos de nuestros derechos, pueden pasar dos cosas:

O bien nos vengamos en alguien que es más pequeño que nosotros. Su dependencia nos autoriza a ejercer cuanto poder deseemos. Por fin, cambiando de bando, podremos liberar las tensiones acumuladas.

O bien el poder puede llegar a asustarnos y entonces optamos por utilizar alguno de sus numerosos mecanismos defensivos, los cuales van desde la huida pura y simple, a la agresión contra el causante de nuestras dificultades: nuestro hijo.

Algunas personas son conscientes de este riesgo y prefieren no tener hijos. Tienen miedo de no poder reprimir su violencia, de sufrir reacciones emocionales tan violentas que podrían llegar a hacer daño a su hijo, y eso es lo que no quieren.

Así, Yvonne nunca había querido ser madre. Cuando era pequeña fue gravemente maltratada, y siempre temió repetir lo que le había pasado. Era consciente de que se arriesgaba a descargar su violencia contra un ser que dependería totalmente de ella. No quería tener poder sobre otra persona para no correr el peligro de que brotaran sus impulsos de odio.

Otros temen una limitación de su «poder». No les da miedo atentar contra el nuevo ser, pero para ellos el nacimiento de un niño supone una amenaza restrictiva para su libertad. «No quiero ser el responsable de un niño.» Reivindican la necesidad de sentirse libres, de «hacer lo que quieren», probablemente para recuperar un tiempo en el que no lo eran, o porque fueron testigos del sacrificio de uno de sus padres. Cuando alguien se ha sentido demasiado presionado en su infancia, cualquier responsabilidad sobre otro ser puede parecerle una posibilidad para perder su libertad. La persona proyecta sobre el niño el poder que tenían sus padres para coartar su propia libertad.

Si nuestra madre nos convenció de que había sacrificado su vida por nosotros —si creía que por culpa de nuestro nacimiento se había convertido en una prisionera—, es posible que no hayamos querido cometer el mismo error. Sin embargo, en realidad lo que la ha mantenido prisionera no es el hijo, sino la sociedad y a veces su marido. Sus hijos no fueron los que le impidieron proseguir sus estudios o su carrera, sino la sociedad/su familia, que no la ayudaron o apoyaron para que pudiera armonizar ambas cosas. Pero como era dependiente, no se atrevía a cuestionar su situación. Ella también prefirió creer que sus hijos eran un impedimento... Esta creencia es profundamente nociva para las relaciones padres/hijo.

Nadie niega que cuando tenemos un hijo nuestra vida cotidiana se modifica. El tiempo transcurre al ritmo de sus necesidades. Pero no por ello los padres tienen que renunciar a su libertad, porque amor equivale a libertad, no a prisión. Si un padre se siente prisionero de su hijo, sólo podrá albergar rencor respecto a él.

Puede suceder que uno se encuentre con que es padre sin haberlo previsto de antemano... Algunas veces los miedos respecto a la responsabilidad y a la pérdida de libertad se esfuman, pero otras, no. Y entonces, para que la responsabilidad no implique culpabilidad ni frustración, estaría bien contar con algún tipo de asesoramiento. Si no, se corre el riesgo de que el verbo amar no sea demasiado fácil de conjugar en la vida cotidiana.

Cada vez que creamos que nuestro hijo procura ejercer el poder sobre nosotros, tomémonos un tiempo para razonar en términos de necesidades.

13

Intrusiones íntimas

Nadège, una chica de quince años, está muy angustiada. Sus crisis la despiertan por la noche. Tiene ataques de pánico en la calle, en los transportes públicos... La angustia está empezando a invadir toda su existencia. ¿Qué le sucede? En cuanto coge un poco de confianza, Nadège empieza a hablar enseguida: «¡Yo no soy la que está enferma, es mi madre!»

Su madre, que es sobreprotectora, la deja salir poco. Además, analiza sus gestos más insignificantes, llama por teléfono a quien sea para verificar lo que la chica le ha dicho y husmea entre sus cosas. Con el pretexto de que necesita pasar el aspirador o limpiar, entra cuando quiere en la habitación de su hija, hasta, y sobre todo, cuando está con sus amigos. ¡En resumen, una mamá omnipresente y bastante pesada! Nadège no puede más. Sin embargo, no se atreve a expresar su cólera. Aguanta en silencio las intrusiones de su madre, y sólo se permite suspirar de vez en cuando.

Se da cuenta de que su mamá no está nada bien y que es muy desgraciada. ¡Y a ella le gustaría tanto verla feliz...! Así que se somete. Se contenta con poner mala cara y con encerrarse en sí misma. La rabia retenida hierve en su interior, pero no permite que emerja. Se contiene hasta que no puede más... Y entonces sufre crisis de ansiedad.

La angustia invade su vida... y Nadège desvía la atención para que nadie, ni siquiera ella misma, vea quién es el verdadero invasor; es decir, su madre.

Todos los padres desearían proteger a sus hijos y quisieran librarlos de los escollos de la vida, allanándoles el camino para que no tropiecen. Todos queremos evitar que nuestros hijos pasen por experiencias dolorosas. Preferiríamos estar enfermos en vez de ellos, sufrir en su lugar... No obstante, la inmensa mayoría de los padres dejan que sus hijos tengan que enfrentarse a pruebas, se hagan daño y se esfuercen, y vayan subiendo la cuesta de la vida con penas y fatigas. Naturalmente, ellos están ahí, a su lado, pero no se ponen en su lugar. Dejan que vivan lo que tienen que vivir y respetan su jardín secreto.

Pero otros padres no consiguen actuar así ni de lejos. Su fusión respecto a sus hijos es demasiado fuerte. Si sus hijos sufren, ellos también. Todo lo que les pasa a sus pequeños también les pasa a ellos. Procuran controlar el medio en que sus hijos se mueven para evitar cualquier clase de riesgo... Creen que los protegen, pero la sobreprotección hace que el niño se vuelva frágil. «Si mamá me protege tanto, es porque piensa que soy incapaz de defenderme.» «Si mamá dice que soy incapaz, es que es verdad.» «Si mamá me protege, es porque corro peligro...» En consecuencia, el niño se forma sus propias creencias sobre los peligros que hay fuera, entre la gente... ¡Entre todos los que no sean su mamá!

¿Qué padres no han tenido alguna vez ganas de leer el diario íntimo de su hija o el blog de su hijo, ganas de saber más... sobre su vida sexual, su vida amorosa o sus pequeños secretos? Unas ganas que a algunos les cuesta mucho reprimir. Como en su propia infancia o adolescencia sus padres no los respetaron, a ellos les cuesta aceptar que su hijo adolescente ya no sea un niño pequeño, su niño, una parte de sí mismos.

Ineluctablemente, el bebé se transforma en un niño pequeño, luego en un niño un poco mayor y después en un adolescente, para acabar levantando el vuelo convertido ya en un joven adulto. Alimentarlo, lavarlo, cambiarle los pañales, vestirlo, peinarlo y decidir por él, son cosas que los padres tienen que ir dejando de hacer paulatinamente; es decir, tienen que ir retirándose e ir superando los duelos que este proceso conlleva.

Como no han podido forjarse a sí mismos y carecen de barreras interiores, algunos padres pueden penetrar en el territorio íntimo de sus hijos sin ser conscientes de que están atravesando una frontera. Para ellos, no hay fronteras. No las quieren. No soportan perder a su pequeño, verlo crecer, no seguir controlándolo... ¡Controlan tan poco su propia vida...!

Cuanto más nos hayan respetado de niños, más fácil nos resultará respetar a nuestros hijos. No sólo sabremos reconocer los impulsos que nos incitan a inmiscuirnos en sus vidas, sino que también lograremos reprimirlos. En cambio, si nuestra madre abrió nuestro correo, leyó nuestro diario íntimo o entró en nuestra habitación sin llamar, haciéndonos creer que todo lo hacía por nuestro bien, podremos sentirnos tentados a hacer lo mismo con nuestros hijos, ya que nuestros padres no sólo habrán borrado las fronteras, sino la conciencia de su necesidad.

El padre irrumpe en la intimidad de su hijo porque no tiene límites. Sus límites se desplomaron cuando era pequeño. No consigue ver a su hijo como una persona porque a él también lo trataron como si fuera un objeto.

Ejercer el control sobre el hijo le hace creer que ha recuperado el control sobre su propia existencia. Verificar su poder sobre el hijo le ayuda a contrarrestar su sentimiento (a menudo inconsciente) de impotencia.

14

Cuando los abuelitos muestran sus preferencias

«¡No digas eso! ¡Tu papá te quiere! Lo que pasa es que está nervioso, pero ¡claro que te quiere...!»

«No hagas caso, aunque tu mamá te diga esas cosas, lo hace sin pensar.»

«Es verdad, tu padre nunca te llama y se ha olvidado de tu cumpleaños, pero ¿sabes?, te quiere mucho.»

«Tu mamá está enfadada, pero te quiere mucho»...

¿De qué nos sirven, pues, estas frases? No son forzosamente verdaderas. Mentir a los niños sólo sirve para sembrar confusión en su espíritu, en sus representaciones del amor. Además, ¿gestionar su propia relación con sus hijos no es algo que les incumbe a cada uno de ambos padres? ¿Qué es lo que nos empuja a proteger al otro padre de la cólera del hijo? Porque está bien claro que esta es la función de frases, como, por ejemplo, «No te enfades con él(ella), compréndelo(la), no se siente querido(da)...» Y por desgracia, como es lógico, el niño «comprende» demasiadas veces. Comprende a su padre, y también comprende que su padre es más importante que él. Que los sentimientos y las necesidades de su padre son más importantes que los suyos. Sumerge en su interior el sentimiento de no sentirse querido, de no merecer ser amado. Y más porque se da perfecta cuenta de que cuando se le olvida una cita, saludar, o se muestra poco atento, se lo reprochan. Estas cosas a su padre se le perdonan; a él, no.

Es posible que la intención del padre que minimiza y excusa al otro de un modo consciente sea la de evitar que el niño se sienta herido. Sin embargo, de este modo al pequeño se le hiere por partida doble, ya que, además de sentirse maltratado por uno de sus padres, el otro ni le escucha, ni le consuela. Con su proceder, este último le está mostrando que no le comprende, incitándole a reprimir su cólera y hasta su sufrimiento. Sabemos bien hasta qué punto frases del tipo «pero si yo te quiero mucho» no sirven para nada. *A fortiori*, limitarse a repetirle a un niño que su padre o su madre lo quiere es completamente inútil. Estas palabras no modificarán en absoluto lo que el pequeño piensa de verdad, y solo servirán para deteriorar la confianza que tiene depositada en usted. Cuando le dice «tu padre(madre) te quiere», usted no sólo le está diciendo: «no tienes por qué enfadarte», sino también «lo que sientes no es justo, no te fíes de tus percepciones y no quiero saber nada de tu sufrimiento».

Como es lógico, no se trata de decirle «tu padre no te quiere», sino de escucharle cuando intenta expresar sus vivencias, hablar de su realidad y sus deducciones, las cuales se convierten en convicciones si el niño las mantiene en secreto; en resumen decir en voz alta lo que el pequeño sólo se atreve a decir entre dientes.

—¿Qué sientes cuando oyes gritar a tu madre como acaba de hacerlo?

—¿Qué piensas cuando te dices a ti mismo que tu papá no te ha llamado?

Es importante estar dispuesto a oírle cuando dice «Me digo a mí mismo que él(ella) no me quiere mucho», y a escuchar hasta el final sus lágrimas y su sufrimiento. Este apoyo incondicional es lo que puede darle fuerzas para, si llega el caso, pueda atreverse a hablar con su otro padre. O al menos servirá para que sienta que le entienden y le comprenden. Hay que escucharlo, entenderlo, hacerle caso y valorar su sufrimiento. No hace falta decir nada, bastará con escucharlo y compadecerlo. Con el convencimiento de que el que tiene que modificar su comportamiento para que su hijo se sienta querido es el padre y no al revés; el niño no tiene por qué «comprender» su comportamiento.

Si el pequeño puede hablar, expresarse, decir lo que siente y lo que pasa por su cabeza sin que le juzguen ni le manden callar, poco a poco irá recuperando la confianza en sí mismo, y hasta es posible que se sienta lo bastante seguro para atreverse a hablar con la persona que, según él, no le quiere demasiado. Los niños tienen muchos más recursos de lo que imaginamos, por poco que les permitamos desarrollarlos.

«Sé que no me quieres porque a ti no te gustan las chicas, pero yo necesito que me quieras», le dijo a su abuelo con firmeza Marina, una pequeña de cuatro años de edad.

El abuelo levantó la vista de su periódico... Y aunque en ese instante no fuera capaz de decirle nada, el modo como veía a su nieta cambió radicalmente. Ya no veía «a una niña», sino a una persona. Y a partir de ese momento empezó a fijarse más en ella... y la quiso.

¡Marina se había atrevido a decirle a su abuelo lo que pensaba! De este ejemplo pueden extraerse dos enseñanzas. Por una parte, la nieta veía las cosas con claridad, y, además, sus padres no habían procurado tranquilizarla como suele hacerse en estos casos. Se enfrentaba a la verdad: su abuelito no la quería, y ella tenía una pequeña idea de por qué era así; pensaba que a él sólo le gustaban los chicos. Pero Marina creía que eso era injusto y había decidido decírselo.

Cuando nos doblegamos ante las actitudes cerradas de los demás, no estamos beneficiando a nadie. En nuestro ejemplo, el abuelo podía haber permanecido apartado de su nieta durante toda la vida. Había decidido que las chicas no le interesaban. Si no hubiera sido por el atrevimiento de Marina, nunca habría conocido la complicidad, la ternura y el amor que descubrió a partir de aquel momento. Porque esta es la segunda enseñanza de la historia de Marina: ¡Hasta los abuelos más cerrados pueden cambiar!

La afirmación «A su edad, ya no cambiará», que tantas veces oímos, es completamente falsa. En realidad, la mayoría de las veces significa lo siguiente: me da miedo decir lo que pienso. Me da miedo que me juzguen. Tengo miedo de que me rechacen, de que no me quieran. Porque procuramos conservar la ilusión de que, a pesar de la evidencia, nos quieren, escudándonos en tópicos del estilo de «aunque no lo demuestre, yo sé que soy importante para él; no es una persona expresiva». Marina no tenía miedo de enfrentarse a la verdad. Sabía que su abuelo no la quería, no la miraba, no jugaba con ella y sólo le hablaba para darle órdenes. Le cortaba la carne y le pedía que le diera un besito por la noche, pero entre ellos no había complicidad, ni risas, ni ternura. Y la niña se daba cuenta. Marina tenía la suerte de tener unos padres que la querían mucho, y que, además, habían sabido darle la seguridad interior que la había permitido enfrentarse a su abuelo.

Cuando tus propios padres son los que no te quieren o prefieren a tus hermanos y hermanas, la cosa es más difícil, porque la necesidad de amor es mucho mayor, y porque para un niño es mucho más fácil conmover a sus abuelos que a sus padres por la sencilla razón de que están bajo la responsabilidad de estos últimos. Existen otros factores en juego. Por otro lado, el peso de la responsabilidad puede, paradójicamente, hacer que el padre sea menos responsable. La presión de ser un «buen padre» dificulta el escuchar los sentimientos del hijo.

Cuando uno de los cónyuges hace distinciones entre los hijos, a menudo el otro se siente en la obligación de trivializarlo, de hacer como si no pasara nada, y de decirle a su hijo que se equivoca.

Indudablemente, puede pasar que prefiramos más a un hijo que a otro. No queremos a nuestros hijos por «igual». Hablar de esas preferencias con nuestra pareja nos permitirá comprender mejor su origen y buscar juntos el modo de paliar la situación. Tener vergüenza no sirve de nada. Las razones de nuestras preferencias se hallan más allá de las apariencias. Las diferencias que marcamos entre nuestros hijos sólo podrán desaparecer si las hablamos e intentamos entenderlas. Pero si las mantenemos escondidas, se harán más profundas y, aunque estemos muy atentos a no dejarlas salir a la luz, nuestros hijos las notarán.

Niño o niña, lugar que ocupa en la familia, hijo mayor o no, fecha de nacimiento coincidiendo con otro acontecimiento significativo... ¡Hablemos de estas cosas sin juzgarnos ni acusarnos!

Siempre hay tiempo para reparar una injusticia, a condición de que estemos dispuestos a hacerle frente.

15

Me cuesta más quererlo que a sus...

¿Es su carácter lo que está en juego, o bien un defecto de nacimiento, o acaso es porque tenemos un umbral de tolerancia más o menos alto? Sea lo que sea, lo cierto es que no queremos a todos nuestros hijos «igual». No forzosamente ni «menos» ni «más», sino de distinta manera. La mayoría de las veces se trata de un proceso inconsciente, y nos cuesta mucho explicar con palabras las razones por las que favorecemos más a uno u otro de nuestros hijos. Por supuesto, argumentamos y justificamos nuestros sentimientos analizando sus respectivos caracteres... Pero ¿la verdadera razón es esa? Por no hablar de que la opinión que tenemos sobre cada uno de nuestros hijos, y, por tanto, la relación que mantenemos con ellos, es específica.

Cuesta más querer a unos hijos que a otros. O se nos parecen demasiado o demasiado poco. No responden a nuestras expectativas, no son los niños que habíamos imaginado. Nos sacan de nuestras casillas, y creemos que nos obligan a adoptar en su contra ciertas actitudes que no nos gustan. Hacen que nos sintamos desbordados, duros y a veces violentos, y consiguen ponernos completamente histéricos... ¡Una imagen de nosotros mismos que no nos gusta absolutamente nada! Más o menos conscientemente, les reprochamos que nos impidan que seamos los padres que habíamos soñado ser. Son una ofensa. La culpa es toda suya. Y entonces la tentación de rechazarlos es muy fuerte.

Pero somos sus padres, por lo que, salvo en casos extremos, no los rechazamos. Si lo hiciéramos, nuestra imagen sufriría aún más. Pero entre ellos y nosotros levantamos una pequeña distancia. Dicha distancia apenas resultará perceptible para nuestro entorno, y es posible que hasta nosotros acabemos olvidándola. Pero el niño seguirá dándose cuenta de que existe y para él será como un abismo. Para reducirla, tenderá a desarrollar toda clase de comportamientos que, por desgracia, sólo conseguirán que sea más profunda.

La carencia de amor, porque esa minúscula distancia es capaz de impedir la intimidad y, por tanto, la emoción del amor, da lugar a síntomas que aún nos exasperan un poco más. Cada vez es más difícil salir de esa espiral de retroalimentación.

16

Ese carácter que a veces nos exaspera tanto

¿El carácter de nuestros hijos es innato o adquirido? A continuación incluyo un artículo de Benedict Carey, publicado originalmente en el *New York Times* (las cursivas son mías):

«La alteración de un solo gen puede causar un trastorno del comportamiento social. A la inversa, la atención cariñosa y atenta mostrada por los padres podría ayudar a las crías de animales a superar diferencias genéticas. Científicos de la Universidad McGill de Montreal han comprobado que los ratones a los que sus madres habían lavado, mimado y lamido a menudo se volvían menos ansiosos que los animales menos mimados. En un estudio reciente, los investigadores de McGill muestran que estos *cuidados proporcionados por la madre en los primeros días de vida están en el origen de cambios duraderos de los genes que ayudan a las crías de rata a enfrentarse a las tensiones a lo largo de su vida.* Científicos del National Institute of Health han constatado fenómenos similares entre los monos. En efecto, los padres cariñosos y atentos preservan a sus crías de una variación genética particular, que en ausencia de este afecto los volvería agresivos y perturbados. Y las crías tratadas con afectos también tienen tendencia a convertirse en unos padres cuidadosos; en efecto, el cariño que los une a su madre sirve de modelo para los vínculos que más tarde tejerán con su propia progenie. "Lo importante, es *que está claro que un entorno afectuoso puede mejorar verda-*

deramente los genes del niño", dice con entusiasmo Allan Schore, que estudia los vínculos afectuosos en la Facultad de Medicina de la Universidad de California. *La propia fisiología del niño puede modificarse y compensar una insuficiencia genética.*»

¡Cuando nace, el bebé ya es diferente de sus hermanos! Sí, al nacer, ya tiene nueve meses de vida...

Los progresos realizados en el ámbito de las ecografías han puesto en evidencia que el feto reacciona ante el discurso de su madre. Para testar las reacciones fetales respecto a su entorno, los investigadores miden los movimientos de deglución. Éstos aumentan cuando la mamá se dirige al feto y disminuyen cuando habla con una amiga. Asimismo, los científicos han mostrado, por medio de filmaciones, que el niño reacciona a los pensamientos de su madre. Esto último no es algo tan extraño, dado que nuestros pensamientos tienen un substrato fisiológico y que el feto está conectado a la fisiología de su madre.

La voz de la madre es importante para el feto: lo tranquiliza y lo calma. La vida no está exenta de obstáculos, y puede pasar algo que le dé miedo al feto —soy consciente de que en este punto estoy abusando un tanto del lenguaje porque el feto todavía no posee la capacidad de tener miedo, sino que más bien se trata de un «protomiedo»—. El estrés está todavía bastante indiferenciado en su organismo, y el sistema para tratar las emociones todavía no está a punto, por lo que si al feto no le calma su mamá, u otra persona que se encargue de explicarle lo que está sucediendo, después, cuando haya nacido, carecerá de confianza en sí mismo. Aunque no comprenda el vocabulario que su mamá utiliza, el feto percibe la música de su voz y las modificaciones fisiológicas a través del cordón umbilical.

La voz y el olor del padre también son muy importantes. El feto ha oído a su papá cuando le hablaba y conoce las moléculas de su olor. Su madre las inhalaba y se las ha transmitido. Tumbado sobre el pecho de su papá se halla en un medio que le resulta familiar, se siente fuera de peligro.

La actividad motriz fetal parece ser un indicador del temperamento que se tiene en la infancia. Según Di Pietro, el comportamiento no comienza en el nacimiento, sino mucho antes.* El ritmo de la madre, su producción hormonal y sobre todo su estrés influyen en el comportamiento del feto. Las madres que padecen más estrés tienden a tener fetos más activos y bebés más irritables.

Muchos padres, al observar las diferencias que existen entre sus hijos, las atribuyen a la genética: «¡Mis hijos no se parecen en nada a pesar de haber recibido la misma educación!», pero se olvidan de que es imposible educar de la misma manera a dos niños. ¡Ni tan siquiera cuando son gemelos homocigóticos! Primero hay que darle de mamar a uno y luego a otro, o, en el caso de que mamen los dos a la vez, forzosamente a uno le tocará el pecho izquierdo y al otro el derecho, y, por razones puramente fisiológicas, la mujer no tiene la misma cantidad de leche en ambos senos.

Los padres no se comportan del mismo modo con el hijo mayor que con los siguientes. Con el primero se acude más al pediatra porque, como es natural, los padres se muestran más ansiosos y exigentes. «Con el mayor éramos más severos —declara una madre—. Lo reconozco, no había lugar para el más mínimo error. Había que hacerlo bien a toda costa. Sin embargo, con el segundo, todo nos parecía menos importante.» Como suele decirse: «Cuando la tetina del hijo mayor se cae al suelo, la madre la esteriliza. Cuando la tetina del segundo se cae al suelo, se contenta con enjuagarla. Y cuando el tercero tira la suya, ¡se limita

---

* Di Pietro, J. A. *et al.*, «Development of fetal movement fetal rate coupling from 20 weeks through term», *Early Human Development*, 1996.

a secarla un poco, frotándola en sus vaqueros!» Así pues, ¿cómo podemos decir que les educamos por igual? Sin contar con que el primero es hijo único, y el segundo ya tiene un hermano mayor..., y no es lo mismo tener una hermana mayor o un hermano pequeño.

Por causa de sus circunstancias particulares, en general el hijo mayor es más aplicado, más voluntarioso y menos sociable. El hijo menor es estadísticamente más sociable, más abierto a nuevas experiencias, y se muestra más juguetón y divertido. Un estudio realizado por los psicólogos Matthew Haley y Bruce Ellis de las Universidades de Arizona y Christchurch, Nueva Zelanda, sobre cerca de 350 hermanos y hermanas, ha mostrado que los hijos mayores son, efectivamente, más concentrados, más concienzudos y más respetuosos con las reglas. Los hijos menores se muestran más rebeldes y más abiertos, no acatan las reglas rigurosas, prefieren las novedades y les gusta relacionarse socialmente.*

Asimismo, los hijos mayores son (estadísticamente) más inteligentes que sus hermanos menores, por la sencilla razón de que, al ser el único hijo de la familia durante un tiempo, se benefician de la atención de todos y se les estimula más intelectualmente. Un estudio realizado en la Universidad de Oslo** muestra que, cuando un niño viene al mundo como si fuera «el hijo mayor» de la familia porque uno o varios de los hijos biológicos que le habían precedido murieron, su CI era el mismo que si hubiera sido el primer hijo porque sus padres habían volcado toda su atención en él. Así pues, la disponibilidad y la atención de los padres son las que marcan la diferencia. De nada vale culpabilizarse. Pero también es inútil culpabilizar al niño porque no tiene tanto éxito como su hermano...

---

* *Cerveau et Psycho*, n.º 17.

** P. Kristensen y T. Bjerkedal, «Explaining the relation between birth order and intelligence», en *Ciencia*, vol. 316, en *Cerveau et Psycho*, n.º 23.

Sea cual sea la explicación que podamos dar a estos resultados, lo cierto es que el «carácter» del hijo en cuestión está más determinado por el lugar que ocupa en la familia que por sus genes.

El carácter es el resultado de la adaptación a un medio. Se forja a partir de un campo genético determinado, y a través de una suma de hábitos emocionales, relacionales y conductistas adquiridos. El carácter es el conjunto de las reacciones afectivas, de las actitudes que se adoptan respecto a uno mismo, a los demás y a la vida. Dichas actitudes se elaboran bajo la presión conjunta de lo innato y lo adquirido. Se ven reforzadas por las reacciones del entorno y algunas veces pueden llegar a bloquearse cuando al individuo se le coloca una etiqueta, como, por ejemplo, cuando se dice que «Bernard *es* torpe». Cuando las reacciones se reiteran tanto que pasan a convertirse en costumbres reaccionales, forjan lo que podríamos denominar como nuestra «personalidad»; es decir, la máscara teatral —en griego *máscara* significa «persona»— que utilizamos en la sociedad.

Cuando los padres tan sólo ven esa apariencia, algunas de las actitudes o reacciones de sus hijos pueden llegar a irritarles. Pero en cuanto vuelven a contactar con el Ser que se esconde debajo de ellas, vuelven a sentir compasión y amor hacia ellos. Esta aceptación incondicional constituye la base de la confianza que el niño necesita para ser capaz de evolucionar, cambiar, dejar de comportarse de una manera excesiva y llegar a ser él mismo.

No podemos controlar todas las circunstancias que conforman el entorno de nuestros hijos. Cada ser tiene su propia trayectoria y se construye con sus especificidades. Cada ser tiene que encontrarse a sí mismo. Un choque emocional, la muerte de un familiar o un accidente de coche son traumatismos que pueden desestabilizar el psiquismo del recién nacido, y hasta el del feto.

Las emociones, en especial las hormonas del miedo, traspasan la barrera de la placenta. Las emociones son reacciones fisiológicas; cuando no pueden dominarse ni expresarse dejan huellas fisiológicas en el organismo. Desde una época muy temprana, el niño es susceptible de ir incorporando diferentes tipos de miedos que es incapaz de nombrar. Dichos miedos resurgirán más tarde en forma de síntomas; unos síntomas que sus padres no tienen por qué entender forzosamente. Por ejemplo, el estrés *in utero* puede perturbar el equilibrio biológico del estómago, destruyendo sus enzimas. Ciertas proteínas ya nunca podrán ser digeridas, como sucede con los péptidos del gluten, los cuales emigrarán hasta el cerebro, perturbando los intercambios de los neuromediadores, cuyo lugar ocuparán.* La causa de la hiperactividad del niño es, entonces, tan fisiológica como psicológica, ya que está originada por un choque o un estado de miedo. En estos casos no basta con la psicoterapia, sino que también hay que reponer las enzimas de que carece el estómago.

La vida es compleja y no puede reducirse a una causa, a una explicación. La vida psíquica y la vida fisiológica están íntimamente vinculadas. Eso explica que no sea tan sencillo «desprogramar» un comportamiento. Nuestro cerebro de adulto es un órgano maduro que nos permite controlar nuestros gestos, actitudes, comportamientos... pero el de un niño todavía no está lo suficientemente organizado para ejercer dicho control. Saberlo puede ayudarnos a respetar un poco más a nuestros angelitos, pero sin que ello implique cerrar los ojos. Cuando un niño tiene dificultades, necesita más que le ayuden y que estén a su lado, que se le conmine terminantemente a que abandone o cambie de actitud por medio de amenazas o coacciones

* Según parece, los péptidos del gluten se instalan en los botones sinápticos, impidiendo la recaptura de los neuromediadores.

Los orígenes del «carácter» de un niño son multifactoriales. Un comportamiento siempre obedece a una razón. El problema está en encontrarla, lo que no siempre es sencillo. Ante la duda, abstengámonos de emitir un juicio y busquémosla juntos...

¿Que esta situación le resulta insoportable? Pues piense en que, probablemente, para el niño todavía lo sea más. A fin de cuentas, ¡el padre es usted!

17

¿Niño o niña?

A pesar de que ciertos padres reconocen tener preferencia o bien por un niño, o bien por una niña, la inmensa mayoría dicen: «Pero, aunque sea del otro sexo, será igualmente bienvenido». No obstante, ¿es eso verdad al cien por cien? El primer hijo aumenta muy sensiblemente el nivel de felicidad. ¡Y que nadie lo ponga en entredicho, ya que es un hecho demostrado por los investigadores! Pero las feministas no acaban de estar de acuerdo, y argumentan que dicho nivel puede subir a un 75 % cuando el primer hijo es un niño.* Por otro lado, conviene destacar que el estudio en cuestión se ha realizado en Dinamarca, país igualitario por excelencia, ¡y no en algún oscuro país de costumbres exóticas! Tenemos todavía mucho trabajo que hacer antes de alcanzar la igualdad.

---

* Hans-Peter Kohler, Jere R. Behrman y Axel Skytthe han realizado este estudio sobre gemelos para controlar ciertas variables relacionadas con la aptitud genética para la felicidad. «A first child substantially increases well-being, and males enjoy an almost 75 percent larger happiness gain from a first-born son than from a first-born daughter», *Research Scientist*, Institute of Public Health and Danish Center for Demographic Research, SDU-Odense, Sdr. Bulevar 23A, Odense C, Dinamarca. *Population and Development Review*. Blackwell Synergy, *www.blackwell-synergy.com*, vol. 31, n.º 3, pág. 407, septiembre de 2005.

A varias personas adultas, dos investigadores* les pidieron que vieran una breve película en la que un bebé de nueve meses aparecía sentado mientras se divertía con diferentes juguetes. A la mitad de los participantes los investigadores les preguntaron: «¿Puede evaluar los comportamientos de esta niñita?» Y a la otra mitad: «¿Puede evaluar los comportamientos de este niño?» Evidentemente, se trataba de la misma película. Los resultados fueron asombrosos. Aquellos a los que se había dicho que se trataba de un chico dijeron que se mostraba más activo y le atribuyeron más placer, peor genio y menos miedo que los que creían que estaban evaluando a una niña. Está claro, ¡a la más mínima, nuestros estereotipos siempre acaban apareciendo!

Asimismo, estamos influidos por el medio social. Los individuos que habían visto a una niña perteneciente a un medio acomodado consideraban que ésta era más brillante que cuando se la describía como alguien que se había criado en un medio más desfavorecido. Sin embargo, se trataba de la misma chica.

Haga un experimento en la calle. Póngale ropa de color rosa a su bebé, y ya verá como enseguida alguien dice: «¡Qué niña más dulce, graciosa y sensible!», o incluso «¡Esta chiquitina habla más que una cotorra!» Pero vístalo de azul y los comentarios serán totalmente diferentes: «Su bebé es muy temerario y activo, está bien claro que es un hombrecito que está intentando explorar el mundo».

¡Los esquemas atacan de nuevo! Ahora bien, el efecto Pigmalión —o profecía que se cumple por sí misma— del que ya hablamos

* Condry y Condry, 1976.

al principio de esta obra, ahora está bien establecido. Robert A. Rosenthal ha llevado a cabo un experimento que ha hecho época.* Este investigador sometió a los alumnos de una clase a diferentes pruebas de Coeficiente Intelectual. Luego les dijo los resultados a los profesores. Un año más tarde, volvió a someterlos a un nuevo test. Los resultados fueron altamente elocuentes; a lo largo del año, los alumnos con un CI alto habían progresado de manera impresionante tanto en lo referente a sus resultados escolares como a los resultados de las nuevas pruebas. «Normal», me dirán. Sí, ¡pero las notas de CI habían sido distribuidas al azar! Por tanto, los resultados de los alumnos reflejaban las expectativas de los profesores y no sus supuestas capacidades.

Los niños —al igual que todos nosotros— tienden a adecuarse a lo que se espera de ellos. Si nos detuviéramos a pensar hasta qué punto las imágenes que tenemos de ellos pueden influir en su desarrollo, ¡pondríamos más atención cuando se trata de catalogarlos! En resumen, si nuestras hijas son más dulces que nuestros hijos, ¿de verdad creemos que es porque lo llevan inscrito en los genes? Y lo mismo vale para muchas otras conductas y rasgos de carácter.

Cuando pensamos que nuestro hijo es demasiado revoltoso, podríamos preguntarnos a nosotros mismos: ¿Quién ha empezado? De tanto decir que lo era, ¿no lo habré condicionado inconscientemente a que haya acabado siéndolo de verdad? ¿Nuestras expectativas inconscientes no habrán sido la causa de que al final se comporte de esa manera?

---

* Robert A. Rosenthal y Lenore Jacobson, *ibid.*

18

Se parece demasiado a mí o, al revés, no se me parece en nada

¡Cuán doloroso nos resulta ver nuestros defectos repetidos en nuestros hijos! ¿O acaso no es cierto que algunas veces nos mostramos resentidos con ellos por causa de la imagen que reflejan de nosotros?

Marc no soporta que su hijo sea tan malo jugando al fútbol. Se pone nervioso: «¡No se mueve y además es enclenque!»... Él era muy delgado y era muy malo para los deportes, pero ha preferido olvidar esa época. ¡Le habría gustado tanto que su hijo restaurara su imagen!

Clémentine, una niña de ocho años, por sistema hace responsables a los demás de todo lo que le pasa. Los acusa mostrando una desesperada necesidad de ser perfecta, irreprochable, maravillosa... Se trata de un comportamiento natural y normal en ciertas etapas del desarrollo del niño. El período de los cuatro años, por ejemplo, está marcado por una idealización de sí mismo, por la ilusión de que se es todopoderoso y por echarles las culpas a los demás. Si el padre acepta esta fase con neutralidad, la fase pasará. Pero si se muestra particularmente sensible a ella, puede comportarse de un modo más reactivo, y hasta es posible que llegue a castigar o a culpabilizar al niño, con el resultado de que el pequeño tenderá a fijar ese comportamiento. ¡Es un buen sistema para conseguir que suceda lo que sobre todas las cosas no queremos que pase!

A la madre de Clémentine la actitud de su hija la afecta mucho más de lo que sería razonable. Cuando se para a reflexionar un poco sobre ello, reconoce que es una tendencia que ella también tiene. La tenía cuando era niña y todavía la tiene hoy, sobre todo en la relación con su marido.

No nos gusta demasiado que nuestros hijos pongan el acento en nuestros defectos físicos o de comportamiento. En este aspecto, preferiríamos que no se nos parecieran. En cambio, nos sentimos mejor cuando se nos parecen en todo aquello que nos gusta de nosotros mismos. «Cocina tan bien como yo / Es tan deportista como yo...» El parecido nos acerca y nos ayuda a desarrollar una mayor complicidad con ellos. Y cuando el hermano o la hermana, menos cocineros o deportistas, se quejan de la diferencia de trato, aunque nos cueste admitirlo la verdad es que estamos corriendo el riesgo de pasar más tiempo con el hijo que se nos parece más. A menos, por supuesto, de que seamos conscientes de que, efectivamente, hay una diferencia y trabajemos para reducirla.

Podemos tener la ilusión de que queremos más o menos a uno de nuestros hijos por causa de su comportamiento, por su carácter, etc. Eso nos permitiría cargar sobe sus hombros toda la responsabilidad, porque el hecho de asumir que queremos menos a uno de nuestros hijos nos hace sentirnos culpables. Pero además de que en parte seamos responsables del carácter de nuestro hijo, en realidad los mecanismos que nos llevan a querer más a uno que a otro son profundamente inconscientes. Hay estudios que muestran que los padres tienden a preferir a aquel que se les parece físicamente. Y no es raro oír:

«Era morena como mi padre, era su preferida, así que mi madre no me soportaba», dice Verónica.

«Mi padre siempre me trató con rechazo. Yo no comprendía el porqué. Un día, me reprochó que fuera rubio. Él era muy moreno», cuenta Samuel.

Preferir a un hijo por el color de su pelo nos parece algo muy superficial. Pero, por desgracia, muchos niños han tenido que pagar factura por ello. Es un fenómeno real, completamente inconsciente la mayoría de las veces, pero más extendido de lo que imaginamos.

El investigador Platek y sus colegas mostraron a hombres fotos de bebés fusionadas con sus propias caras. De manera significativa, los sujetos encontraron a estos niños más atractivos y se preocupaban más por su bienestar que si la cara del bebé no contenía ninguna similitud con la suya. El parecido es uno de los pocos medios de que disponen los hombres para confirmar su paternidad. Para los investigadores este hecho es una reacción biológica, por lo que aconsejan que a los padres no se les haga la consabida broma de: «¿Estás seguro de que es hijo tuyo? ¡Pero sino se te parece nada...!»

Nuestras reacciones ante las semejanzas y desemejanzas son inconscientes. No obstante, por medio de un poco de introspección podemos tomar conciencia de ellas, lo que nos permitirá, por una parte, comprender mejor los celos de nuestros hijos y, por otra, ponerles remedio. ¡Así toda la familia saldrá ganando!

19

Querer no es sencillo

La gran mayoría de los padres ven cómo su amor hacia su hijo crece en ellos desde los primeros momentos. Aseguran que el corazón les late con más fuerza, que es como si el pecho les quemara, y que desde que miraron a su bebé por primera vez sienten una emoción muy intensa. No obstante, para otros el camino hacia el amor es más lento.

Judith ha venido a verme porque quiere superar su depresión. Su síntoma principal es que se siente vacía. Paradójicamente, nos sentimos vacíos cuando estamos demasiado llenos, demasiado llenos de emociones indecibles. Nuestras emociones nos hacen sentir que existimos, y cuando las reprimimos nos sentimos vacíos por dentro. Cuando alguien se ve forzado a blindarse frente a la adversidad, cuando no se ha sentido demasiado querido, o cuando se ha visto descuidado, maltratado, humillado, golpeado o sencillamente cuando le han obligado a reprimirse, las tensiones que ha ido acumulando pueden llegar a convertirse en una coraza corporal. El diafragma, ese músculo flexible que separa los pulmones de las vísceras y que acompaña el hinchamiento regular de los pulmones en la inspiración y la espiración, puede tensarse, e incluso sufrir un espasmo cuando la persona bloquea una emoción. Cuando el diafragma ha perdido su flexibilidad, el movimiento respiratorio pasa a estar forzosamente limitado. Las denominadas psicoterapias corporales o emocionales trabajan para aumentar el aporte de aire en los pulmones, lo que proporciona más oxígeno para las células. El oxígeno «despierta» los tejidos, y la memoria de las emociones reprimidas se activa. Entonces el proceso fisiológico de la emoción puede desarrollarse hasta el final: hasta la relajación. Cuando hemos tenido la oportunidad de llorar, de gritar y de haber contado con alguien que se haya prestado a escuchar nuestras penas, nos sentimos llenos, nos sentimos bien con nosotros mismos, y nos sentimos atendidos e integrados. El diafragma recupera su flexibilidad, la respiración puede volver a ser libre y profunda de nuevo, el oxígeno llega más generosamente a los tejidos y los sentidos interoceptivos* afinados nos dan nuevas informaciones. No es raro que, después de una liberación emocional, la persona diga que experimenta sensaciones que antes le eran desconocidas, en especial las que van unidas a la emoción del amor. Claire es un buen testimonio de ello:

«La psicoterapia hizo que aprendiera muchas cosas. ¿La más importante? ¡Ahora quiero a mis hijos! Es terrible decirlo, pero antes yo no sabía lo que era amar. Ahora lo sé. ¡Hasta hace relativamente poco tiempo no quería a mis hijos! —Muy conmovida al hablar de este amor tan nuevo, entre sollozos Claire sigue diciendo—: Me siento muy feliz por el hecho de haberlo descubierto. Mi marido no lo comprende. Me dice que yo quería a mis hijos, que era tierna con ellos. Y es verdad; les di el pecho, los llevé en brazos y les daba besos. Me dice que era una madre muy buena. Y era así, hacía todo lo que había que hacer para ser una buena madre. Les daba todo cuanto podía. Estaba muy unida a ellos y por nada del mundo habría querido que les pasara

* Los sentidos interoceptivos son los receptores que nos permiten experimentar sensaciones que nos informan sobre lo que sucede dentro de nuestro cuerpo. Las sensaciones viscerales y musculares, la quinestesia, la somestesia, el dolor y el equilibrio, por ejemplo, son algunas de dichas sensaciones.

nada malo. Yo creía que quererlos era eso. Pero gracias al trabajo emocional, después de haber llorado todas las lágrimas que tenía guardadas y de proclamar a gritos lo que me hacía sufrir, no sólo respiro de otro modo, sino que he descubierto el verdadero significado del verbo amar. Me atrevo a afirmarlo: yo no quería a mis hijos. Y lo digo sin sentirme culpable; no es más que una constatación. Sentía ternura y afecto hacia ellos, pero nunca los había amado como los amo ahora. Ni tan siquiera sabía que se pudiera querer así.»

Algunas veces puede suceder que la intensidad de un acontecimiento nos llegue a trastornar tanto que el diafragma intente sacudirse sus tensiones. Un encuentro amoroso, la muerte de alguien, una enfermedad grave e incluso el nacimiento de un hijo pueden hacer que el diafragma se desbloquee. El choque emocional es tan grande que no podemos seguir conteniéndonos. Acabamos llorando y gritando... Y entonces nuestras «viejas» emociones se aprovechan de la circunstancia para salir a la luz. Detrás de esas efusiones, como ya no hay nada que se lo impida, el amor puede desarrollarse. Y una vez liberado, el diafragma nos permite sentir dentro del pecho un calor tan ardiente que irradia al resto de nuestro cuerpo.

¿Qué es querer? A veces las lenguas son pobres y uno utiliza la misma palabra para decir que quiere pan con mermelada, que quiere a su marido o que quiere a su hijo. Sin embargo, son quereres muy diferentes. Claire quería a sus hijos más que al pan con mermelada, los amaba; es decir, sentía un afecto profundo hacia ellos. Sin embargo, nunca había conocido la emoción del amor, esa sensación tan especial que se deja sentir en el esternón. El amor nace en la intimidad, es una emoción sutil, que necesita seguridad para desarrollarse. La emoción es fisiológica, mientras que el sentimiento es una elaboración afectivo-mental. La emoción del amor alimenta el sentimiento del amor.

Querer a un hijo parece algo natural, normal y evidente. Pero no siempre es tan sencillo. Hay infinidad de cosas que pueden interferir. Cuando ante su hijo recién nacido los padres no sienten el esperado pellizco en el corazón, se desestabilizan y se sienten culpables, pero no se atreven a decirlo. Sin embargo, cuando el amor brilla por su ausencia, ello no significa que la culpa sea de los padres, sobre todo porque es una situación que se puede arreglar fácilmente a condición de que se atrevan a hablar libremente. Hasta cuando son conscientes de ello, a los padres les es muy difícil atreverse a reconocer que no quieren a su hijo. Es un tema socialmente inaceptable, tabú e inconcebible, y más todavía para la madre.

Mientras hablaba sobre este tema en el curso de una conferencia, una mujer que se hallaba en la sala se sublevó con mucha virulencia contra mis palabras: «Usted no está autorizada a decir que hay madres que no quieren a sus hijos, posiblemente no los quieran como es debido, pero sí que los quieren; los quieren a su manera».

Que una madre pueda no querer a su hijo nos resulta tan intolerable que hasta negamos esa posibilidad. Pero entonces, ¿qué clase de vida tienen las mujeres para las que eso es una realidad? ¿Dónde pueden decirlo? ¿Adónde pueden acudir para que las escuchen?

Durante el cóctel que siguió a la conferencia, una mujer se me acercó. «Le doy las gracias por lo que ha dicho, no me he atrevido a hablar delante de todo el mundo, pero quería decírselo en persona. Nunca he querido a mi hija y ya tiene doce años. Durante la conferencia, la señora que se dirigió a usted intentó decir que cada uno quiere a su manera, pero yo sé bien que nunca he sido capaz de querer a mi hija. Y eso me hace sufrir mucho. Ni siquiera me he atrevido a hablar de ello con mi psicoterapeuta, aunque ya hace casi ocho años que acudo a su consulta. Usted es la primera persona a quien se lo digo. Gracias por haber dicho que una madre podía no querer a su hijo. Usted me ha hecho comprender lo que me ha impedido querer a mi hija. Me ha devuelto la esperanza. Gracias en su nombre, y también gracias en el mío propio.»

Decir que una madre no quiere a su hijo suena como una acusación. Y para no culpabilizarla, nos negamos a escuchar sus vivencias, no la dejamos hablar, y hasta le prohibimos que piense verdaderamente en lo que le sucede. Está sola consigo misma y con la convicción de que no es normal. Y seguramente se sentiría menos culpable si hubiera alguien que la escuchara, entendiera y acompañara hasta que fuera capaz de sentir amor. El amor puede dejar de existir a partir de la concepción, pero también es capaz de nacer a cada instante. ¿Cuántos hijos no deseados finalmente han acabado sintiéndose acogidos y amados de verdad? ¡Muchos!

Nadine no estaba preparada para ser madre, por lo que, cuando supo que estaba embarazada, lo dijo bien claro: abortaría, y a no ser por su médico lo habría hecho. Pero el doctor Alain supo convencerla. «Usted vive con un marido al que quiere, tiene una profesión...» Nadine nunca se arrepintió de haber tenido a Apolline. Para ella, su pequeña es como un rayo de sol. La quiere tanto... No quiere que nadie le diga que había pensado en abortar. Le da miedo que le haga daño. Se siente culpable por no haber deseado a su hija. ¡Si aquel médico providencial no hubiera estado allí...!

¡Así es la vida! Nadine se sintió conmocionada al enterarse de su embarazo, y Apolline vino al mundo sin haber sido deseada. Pero ¿eso le da a alguien el derecho a decírselo? ¿O acaso no es más importante que al nacer se sintiera querida, y, aun antes, en el seno materno, en cuanto su madre tomó la decisión de tenerla?

Otras madres siguen sin querer a sus hijos durante mucho más tiempo. Y para el niño eso es algo muy doloroso. Pero es preferible enfrentarse a la realidad para intentar paliar esta situación que cerrar los ojos.

En mi presencia, Solange se atrevió a decirle a su hija de diez años que no la quería. Por supuesto, Solange no le dijo exactamente «no te quiero», sino que enfocó las cosas del modo siguiente:

«Con frecuencia me dices que no te quiero, que te quiero menos que a tu hermano. Cuando me lo dices, me duele, y entonces te respondo que no es verdad. —Mirando a su hija a los ojos, Solange respira profundamente, y sigue hablando—: Pero tienes razón, no te quiero, no consigo quererte. Empecé a comprender el porqué con Isabelle y voy a decírtelo: cuando era pequeña, mi madre no me quería. Me ignoraba. Y cuando se preocupaba de mí, era para darme órdenes, para castigarme o para pegarme. Y yo me odiaba. Odiaba a aquella niña que no era capaz de merecer el amor de su mamá. Cuando naciste, volví a verme en ti. Cuando te miro, me veo a mí misma. Tu hermano es un chico y con él no me pasa. Soy consciente de que para ti no es justo. ¡Me gustaría tanto quererte! Yo peleo conmigo misma para conseguir curarme, para poder quererte de verdad. De momento todavía no he conseguido querer a la niña que un día fui. No es a ti a la que no quiero, sino, de hecho, a mi propia infancia. Tienes derecho a que te quieran, pero me cuesta. Cuando veas que soy injusta contigo y que no te doy tanto como a tu hermano, te pido que me lo digas. Ya no te reñiré como antes. Quiero aprender a quererte.»

Madre e hija tenían los ojos llenos de lágrimas. Pero no eran lágrimas de desesperación, sino lágrimas de gratitud. Con sus palabras, Solange había roto el hielo que las separaba. «Gracias, mamá, por decirme todo esto. No ha sido agradable. Pero me ha hecho bien.»

Se miraron largamente a los ojos, y luego Solange fue capaz de hacer algo que hacía tiempo que le resultaba imposible: abrazar a su hija y estrecharla entre sus brazos. Su sinceridad había creado un momento de intimidad. La emoción del amor surge cuando se habla de corazón a corazón. Todo lo que escondemos, aunque no sea más que «para no herir a alguien», sólo sirve para alejarnos los unos de los otros.

El problema no estaba resuelto. Solange no dejó de rechazar a su hija de un día para otro. A veces hace falta tiempo para cambiar. Pero su relación se había transformado. En lo sucesivo, Solange podía contar con un punto de referencia para encontrar el amor hacia su hija en los momentos difíciles. Por su parte, Adeline había experimentado la emoción del amor de su mamá, y cuando ésta la volvía a rechazar, podía agarrarse, más allá del aparente comportamiento de su madre, a este instante de intimidad que alimentaba su esperanza.

Conviene precisar que es muy importante la presencia de una tercera persona en este tipo de encuentros. Esa persona garantiza que no se emitan juicios, permite que uno se dirija al otro y ayuda al interpelado a escuchar. Proporciona un espacio en el que todos se sienten seguros.

Querer es muy sencillo. Basta con que se den las condiciones de seguridad, de autenticidad y de intimidad necesarias para que la emoción del amor florezca.

Pero cuando estas condiciones no se dan, querer no es tan sencillo. Hay que rendirse a la evidencia. Cuando tantos niños experimentan el sentimiento de que no les quieren, o que los quieren menos que a sus hermanos o hermanas, vale la pena reflexionar sobre ello. Tenemos que dejar de confundir sentimiento de amor, emoción de amor y afecto. Podemos sentirnos muy profundamente vinculados a nuestros hijos, experimentar un fuerte sentimiento de amor hacia ellos, y a pesar de ello es posible que no conozcamos la emoción del amor. Pasa como con el orgasmo,* podemos vivir sin sentirlo, pero es una pena. Y nuestros hijos sufren por ello. Porque la emoción del amor que sentimos con su contacto también les llena a ellos, y les da una seguridad interior difícil de construir si dicha emoción no existe.

Aprender a querer, o más bien recuperar la capacidad del amor, es posible a todas las edades.

---

* Algo que muchas mujeres, pero también numerosos hombres, desconocen por las mismas razones de represión emocional, de control y de tensiones corporales.

PARTE II

Circunstancias que nos hacen perder los nervios

Cuando nos sacan de nuestras casillas, y gritamos e insultamos a nuestros hijos..., forzosamente no siempre es porque ellos hayan hecho algo. De hecho, confesémoslo, la mayoría de las veces no han hecho nada. Es posible que sus comportamientos actúen de detonantes, pero las causas de nuestras actitudes están en otro lugar. Si somos honrados con nosotros mismos, al analizar nuestras reacciones comprobaremos hasta qué punto pueden llegar a ser desproporcionadas, claramente inútiles para la formación de nuestros hijos e incluso nocivas.

Hay días en los que todo va bien, y entonces miramos con amor y ternura a nuestros queridos retoños. Pero otros, la torpeza de uno se convierte en un drama nacional y la jeremiada de otro nos provoca un estado de exasperación completamente desproporcionado. Ni los bebés tiene derecho a llorar «sin motivo». No obstante, aunque racionalicemos y argumentemos la legitimidad de nuestros gritos, en el fondo la realidad es que al hacerlo estamos liberando nuestras propias tensiones. Y aunque todos sepamos más o menos que es así, nos negamos a admitirlo de verdad para evitar sentirnos culpables.

Muchas de nuestras reacciones son dañinas para nuestros hijos y/o deterioran nuestra relación con ellos. Para no sentirnos culpables, tendemos a justificar nuestras actitudes, a decir que son educativas o a acusar a nuestro hijo de que él se lo «ha buscado». Pero eso no sólo no nos ayuda a cambiar, sino que incluso puede dar lugar a que las conductas inapropiadas de nuestro hijo pasen a ser permanentes.

Pero de nada sirve culpabilizarse. Por una parte, existen razones para nuestros comportamientos y, por otra, como ya hemos visto antes, la culpabilidad frena e impide el cambio. Es mejor que nos atrevamos a mirar de frente nuestras conductas abusivas. Que nos atrevamos a considerarlas como lo que son, sin minimizarlas. Esta es la primera etapa del cambio. «Responsable, pero no culpable», una fórmula de la que se ha abusado mucho, pero que ahora encaja perfectamente. Asumir la propia responsabilidad supone valorar qué parte nos corresponde en algo. Un sentimiento de culpabilidad exagerado, del estilo «por mi culpa, por mi grandísima culpa» evita sentirse responsable. Es una manera de eludir nuestra responsabilidad. Resulta muy fácil comprobarlo: basta con que exageremos nuestra parte de culpa para que la persona afectada nos «perdone» al instante. «No te preocupes mamá, no pasa nada, déjalo estar...», dicen nuestros hijos. Y así ya no tenemos por qué seguir aguantando su enfado, ni valorar la importancia de nuestros actos, ni ofrecerles una reparación. Pero el perdón que se concede por estos medios no arregla nada. Tanto en ellos como en nosotros las heridas siguen estando abiertas, aunque unos y otros dediquemos una parte de nuestra energía a intentar borrarlas de nuestra memoria.

Para recuperar el control de nuestros comportamientos, en primer lugar tenemos que identificar lo que los motiva. ¿Qué es lo que realmente pone en marcha la intensidad de nuestra cólera y a veces hasta esos impulsos de violencia que experimentamos? ¿Qué esconden esas palabras tan duras que no nos atreveríamos a decir a nadie más que a nuestros hijos?

La introspección a veces puede ser dolorosa, pero nos permitirá no dejar la educación de nuestros hijos en manos de nuestro inconsciente. Porque el inconsciente es el que maneja las riendas en la inmensa mayoría de los conflictos que nos enfrentan a nuestros hijos, tanto cuando son pequeños como cuando son mayores, estropea la armonía de nuestras relaciones familiares, y hasta a veces dificulta la intimidad. Nos dicta palabras que nos gustaría no haber pronunciado jamás y actos de los que no estamos orgullosos aunque los justifiquemos.

A nuestros hijos todo eso les hace daño. A nuestra pareja le hace daño. Y a nosotros también. Aunque intentemos no querer verlo durante un tiempo, más tarde o más temprano lo pagaremos sintiéndonos culpables.

Atrevámonos a mirar lo que pasa en nuestro interior cuando perdemos el control. Si estudiamos las nubes y los vientos, impediremos que estalle inopinadamente la tormenta y que el buen tiempo reine en nuestra familia.

Nuestros enfados desmesurados están motivados por todo tipo de causas. Ya hemos hablado de la dinámica que nos lleva a proyectar sobre el que es más débil que nosotros ciertas emociones que no nos atrevemos a expresar directamente a la persona concernida, así como los reflejos, por no decir resabios, de nuestra historia personal. Asimismo, no debemos olvidar que existen causas sociales y físicas, desde el agotamiento provocado por la enfermedad, pasando por las hormonas.

1

El agotamiento materno

Tres asientos delante de mí, en el tren de alta velocidad, viaja una mamá acompañada de sus dos hijos que cada vez se va poniendo más nerviosa. De repente, levanta el tono de voz y dice en tono amenazador:

—¡Vas a recibir!

Los demás pasajeros se miran, molestos... Nadie interviene. Ignoro lo que estarán haciendo los niños, pero el nerviosismo de la madre sube un grado:

—¡Ya lo verás, vas a recibir! ¡Te lo has ganado!

Decido abandonar mi lectura, y me acerco al trío:

—Se la ve nerviosa... ¿Necesita ayuda?

—No, gracias.

—Si...

Insisto con delicadeza.

—Sí, gracias, estoy agotada.

Me instalé a su lado para jugar un poco con los niños. Mi mera presencia ya los había calmado. La intervención de un tercero siempre suaviza las cosas, a condición, por supuesto, de que no se dedique a echar más leña al fuego...

Cuando estamos agotados, no podemos pensar en todo. A duras penas conseguimos atender lo más urgente. Aquella madre había conseguido colocar a sus hijos y el equipaje en el tren, y había pensado en proveerse de comida y bebida, pero había olvidado coger algo para que se distrajeran. Estaba extenuada y no contaba con los recursos necesarios para distraerlos.

Violaine Guéritault* dice: «Estaba llenando la lavadora mientras oía el ruido de fondo que armaban mis dos hijos al pelearse por enésima vez durante la mañana. De repente, se oyó un tremendo "¡Catapum!", seguido por los aullidos de mi hija. Y me quedé quieta, inmóvil, creo que pensé en algo así como "del suelo no pasa", o "si grita, es porque aún está viva". Entonces acabé de llenar la lavadora como una autómata. No sentía nada. Había dejado de pensar como una madre».

Era el detonante. Violaine Guéritault estaba preparando un doctorado sobre el *burn-out* profesional. Inmediatamente relacionó lo que acababa de vivir con su trabajo. En su oficio de madre, estaba atravesando por una fase de *burn-out*. ¡El agotamiento profesional no es exclusivo del mundo de la empresa, sino que también está presente en el hogar!

Los padres recién estrenados están expuestos a padecerlo. Todas las madres, hasta las que se muestran más serenas, tienen una vida cotidiana muy estresante. Una multiplicación de tareas repetitivas, poco o nulo reconocimiento respecto a su labor, horarios demenciales, un montón de situaciones que escapan de su control, imposibilidad de concentrarse en una tarea sin verse interrumpida al menos diez veces... ¡Las 24 horas del día y 365 días al año sin fecha de caducidad...! ¡Porque es imposible dimitir del oficio de madre!

Así pues, si los bebés son tan maravillosos... ¿por qué las madres se agotan tanto? ¿No será que la causa de su agotamiento resida, precisamente, en que no pueden quejarse de «lo maravillosa» que es su situación?

---

* *L'épuissement maternel et comment le surmonter*, Violaine Guéritault, Odile Jacob, 2004. Un libro de lectura imprescindible.

Violaine Guéritault establece la lista de los agentes estresantes en la vida de la madre:

- El trabajo materno implica volver a hacer mil veces las mismas tareas. Tiene que lavar y limpiar. Todo vuelve a estar sucio algunos minutos más tarde, privando a la mujer de ese sentimiento de tarea hecha que da sentido y energía al trabajo.
- Una madre vive numerosas situaciones sobre las que no tiene ningún control. Le gustaría ser capaz de proteger a su hijo de todo, pero a menudo se ve impotente. Y no sólo estamos hablando de accidentes o de percances que requieren hospitalización, sino también, en la vida cotidiana, de los cólicos del lactante, de los dolores de la dentición o de las picaduras de avispa...
- Si hay algo que caracterice a los niños pequeños ese algo es la imprevisibilidad. Por mucho que la madre se planifique el día, lo más seguro es que sus previsiones acaben patas arriba. Justo en el momento en que sale para encontrarse con una amiga, cuando va a colocar al bebé en el cochecito, se da cuenta de que tiene que cambiarle los pañales... Aunque usted sea muy organizada, su pequeño acabará desestabilizándole el horario. No es nada raro que, al llegar la noche, algunas madres, sintiéndose abatidas, lleguen a pensar que «no he hecho nada en todo el día».
- Todo trabajo merece recompensa... No obstante, parecería que eso no se aplica al trabajo de madre. Se la idealiza y honra como es debido el Día de la Madre, pero en su vida diaria recibe muy poco reconocimiento por parte de los demás; para la gente, no hace más que cumplir con su deber.
- A todo ello hay que añadir que una madre no tiene derecho a cometer errores. Ella misma se pone el listón muy alto, y se desespera al comprobar la diferencia existente entre el modelo de lo que querría ser y lo que vive cada día.

- ¿Quién se encarga de apoyar a las madres? En el plano psicológico, la mayoría de las veces están solas frente al niño. En ocasiones, pueden acudir a alguna institución de las que se dedican a acoger a las madres y a los bebés durante unas horas, pero por lo general cuentan con pocos lugares preparados para escucharlas. La inmensa mayoría de la gente prefiere creer que, para sentirse felices y colmadas, les basta con estar junto a sus adorados y encantadores hijos. No quieren oír que a veces les entran ganas de estrangularlos. ¿Y qué pasa con el marido?, pues que, cuando éste vuelve del trabajo, o bien ella no se atreve a pedirle nada por temor a que vuelva a salir pitando, o bien descarga sobre él tal avalancha de quejas, que el pobre hombre no sabe qué hacer con ellas. También puede suceder que su marido le conteste que ella no tiene que volver a trabajar, o que Martine —o lo que es peor, su madre, es decir, su suegra—, sabe arreglárselas bien... En resumen, no se puede decir que la apoye demasiado.

En general, la mujer que se queda en casa se encarga de todos los quehaceres domésticos. En vez de intentar ayudarla para que no se canse en exceso, algunas veces el marido hasta espera que también se ocupe de él. «¿Una asistenta? ¡Ni pensarlo!», se dicen más o menos conscientemente las mujeres. «Si mi madre podía con todo, ¿por qué yo no?» Además, muchos maridos no ven la necesidad de ese gasto «ya que no tienes otra cosas que hacer durante todo el santo día».

Reconozcámoslo, es indudable que cuando el reparto de las tareas del hogar no está equilibrado, el amor que la madre siente por su hijo puede salir perjudicado.

¿Les parezco trivial? ¿Opinan que exagero? ¿O acaso son de los que creen que el amor de una madre no puede depender de la vajilla o del aspirador? ¡Pues yo afirmo que sí!

Demasiada ropa que lavar, demasiados suelos que fregar, demasiados platos que cocinar y lavar... Todo ello puede llegar a alterar la capacidad de amar de una madre.

De hecho, no es tanto la tarea en sí misma la que obstaculiza el amor como el sentimiento de injusticia. Una injusticia que rara vez se ve reconocida como tal. Una injusticia que se halla resumida en esta constatación cotidiana: cuando *él* le cambia el pañal al bebé, lo encontramos maravilloso, pero cuando lo hace *ella*, nadie la admira. Es lo «normal». Un hombre, que ejercía de padre de familia, un día me dijo: «Día tras día me doy cuenta de lo injustas que son las cosas para mi mujer. Si yo hago cien, me felicitan y me adulan, pero si ella hace mil, nadie lo ve». Este padre mostraba un grado de concienciación bastante excepcional tanto entre los hombres como entre las mujeres. Y hasta cuando dicha concienciación existe, lo normal es que la injusticia no desaparezca porque está grabada en lo más profundo de la sociedad. Con todo, también hay otros maridos menos sensibles que no consiguen ver el problema, y que hasta pueden llegar a desvalorizar, humillar y culpabilizar a sus mujeres cuando se quejan o no logran alcanzar sus objetivos.

En el hogar, muchas veces la mujer se ve obligada a reprimir la ira: la relacionada con la frustración, con la injusticia, y a veces la que le provoca la herida que le inflinge un marido inconsciente, cuando no poco delicado.

Las mujeres que viven solas tienen tantas dificultades como las demás. El rencor que se mantiene en secreto es lo que impide que florezca el amor, y no la falta de un hombre.

Nuestra sociedad espera que las mujeres sepan ejercer bien su papel, como si fuera algo innato. Tienen fama de ser buenas profesionales, mientras que algunos hombres no pasan de ser considerados meros aficionados. Pero la realidad es que no saben más que los hombres. Bien es verdad que las mujeres secretan las hormonas del afecto y que llevan el biberón integrado en su cuerpo, pero en sus genes no hay nada inscrito acerca de cuál es la mejor marca de pañales, de las vacunas o de las relaciones con los profesores. Por no hablar de que tienen que ir adaptándose continuamente. Con los hijos nunca puede darse nada por ganado: los niños crecen y cambian. Y no hay dos hijos iguales.

Al cabo de un cierto tiempo, la madre no puede más.

Violaine Guéritault* describe muy bien la primera fase del *burn-out*: el depósito de energía se vacía. La madre padece agotamiento emocional y físico provocado por la necesidad de ir adaptándose permanentemente.

Si la madre no encuentra ayuda ni apoyo, si no puede liberar su sobrecarga de estrés, corre el peligro de llegar con bastante rapidez al segundo estadio: el de la despersonalización y el distanciamiento.

¡Ella sabe que tiene que seguir funcionando pero no sabe cómo! Su única salida consiste en separarse inconsciente y emocionalmente de la fuente del estrés, con el fin de minimizar las fugas de energía y de continuar realizando, como un autómata, las tareas de las que no se puede librar. La madre agotada se ocupa de su hijo, pero sin afecto. Lo hace, y punto. Todas nosotras hemos pasado por esos momentos de completo agotamiento. Hacemos lo que toca que hacer: preparar la comida, vaciar la bañera, quitar la mesa y acostar a los niños, pero todo de un modo automático. Cuando el agotamiento nos invade, ese modo automático se vuelve permanente. La madre se aleja cada vez más de sus hijos. Ya no está afectivamente a su lado.

Cuando una madre se siente sola cae en la depresión. Es cada vez menos eficaz, todo le pide un esfuerzo inmenso y pone en duda sus capacidades. Ciertas tareas que antes llevaba a cabo,

* Para más detalles, invito a los lectores a que se remitan al excelente libro de esta autora.

como telefonear o rellenar formularios, le parecen algo irrealizable. Poco a poco, se va deslizando hacia la tercera y última fase del *burn-out*. Gritos, golpes, castigos..., la madre hace todo aquello que nunca hubiera querido hacer a sus hijos, con el resultado de que, evidentemente, las cosas empeoran; es un círculo vicioso. La clase de madre que ve en sí misma, es decir, aquella en la que cree haberse convertido, está tan lejos de la madre con la que soñaba llegar a ser, que hasta puede llegar a preferir borrar de un plumazo todos sus proyectos. Después de haber perdido la motivación y con la autoestima por los suelos, reniega de todo lo que ha hecho, de todos sus logros, pasados, presentes y futuros.

Y aunque no todas las madres caigan en la depresión, una inmensa mayoría —por no decir todas— pasan por una fase fugaz, recurrente o prolongada de agotamiento.

El *burn-out* no aparece porque la mujer sea un ser más o menos frágil. Ni tampoco por el hecho de que el pasado de una mujer haya sido más doloroso que el de otra, sino que es el resultado de la interacción con su entorno. De nada sirve darle medicamentos, ya que no es a ella a la que hay que atender, sino a su entorno, que tiene que sufrir una remodelación. Asimismo, no es una patología exclusiva de las mujeres. Una pediatra suiza ha demostrado que a los padres les pasan exactamente las mismas cosas cuando son los que se quedan en el hogar para ocuparse de sus bebés.

En estas condiciones tan difíciles, es fácil comprender que a veces el vaso esté lleno y que los hijos hagan que rebose. Una madre agotada, invadida por el *burn-out*, se desvincula de su hijo. Cada vez consigue dominarse menos. Se ve a sí misma como si fuera una prisionera y se siente explotada por su hijo. Puede rebelarse contra las exigencias de este último, viéndolo como un tirano y llegado a odiarle por ello... Y a veces ese odio puede llegar a ser tan intenso que puede llegar a borrar sus sentimientos maternales. «Me absorbe por completo —decía Camille—. No lo aguanto más. Es terrible decirlo, pero no siento nada por mi hijo. A veces me ocupo de él como si fuera un autómata, pero enseguida consigue sacarme de mis casillas. Si no hace inmediatamente lo que le pido, me vuelvo loca.»

¿Acaso Camille es una mala madre? «No es maternal», opina su suegra. Siguiendo mis consejos, Camille volvió a trabajar y poco a poco fue volviendo a querer a su hijo. Ahora le encanta jugar con él. ¡Sencillamente lo que pasaba es que se hallaba en una fase extrema de *burn-out*!

Emociones reprimidas, autodesvalorización, alejamiento emocional, distancia afectiva, impotencia, frustración... ¡El cóctel es explosivo! Cuando una madre «se rompe» y maltrata a su hijo, toda la sociedad tiene que asumir la responsabilidad de ello, y no ella sola.

PARA REÍRSE UN POCO...

Un día, al caer la tarde, un hombre vuelve del trabajo. Sus hijos, todavía en pijama, juegan alegremente en el barro del jardín. Sobre el césped, alrededor de toda la casa, hay cartones vacíos de comida congelada y cajas de zumo. Entra en la casa y ahí la cosa está peor todavía. Los platos sucios están esparcidos por toda la cocina, la comida del perro está tirada por el suelo, hay un cristal roto y vidrios por todas partes.

Ya en el salón, ve juguetes, prendas de vestir, una mancha en la alfombra y una lámpara caída. Al hombre le da mucho miedo que a su mujer le haya pasado cualquier desgracia. Sube a toda prisa al segundo piso y allí, estupefacto, la encuentra todavía en pijama sentada en la cama leyendo tranquilamente. Ella lo mira sonriendo y le pregunta:

—¿Cómo te ha ido el día?

—¡Qué...! ¿Qué ha pasado hoy aquí?

Ella sigue sonriendo...

—¿Sabes?, cada día, al volver a casa, tú me preguntas qué es lo que he estado haciendo durante todo el día, y cuando te respondo que me he ocupado de la casa y de los niños, me contestas: «¿y eso es todo?» ¡Pues bien, hoy no he hecho nada en absoluto!

2

¿El padre sabe estar en su lugar?

Lucie está en las últimas y ya ni siquiera puede ocuparse de su hijo de un año de edad. Una rápida ojeada a su vida cotidiana nos permite diagnosticar que padece *burn-out*. Sin embargo, Frédéric, su marido, se implica mucho en la educación de su hijo. Lucie me confirma que hasta sabe mejor que ella lo que su pequeño necesita y qué hay que hacer con él. Y aunque su marido la aconseja, la verdad es que se siente completamente desbordada, por lo que piensa que no vale para nada.

Las cosas comienzan a aclararse... ¿Su marido le da consejos? Los consejos son forzosamente desvalorizadores, ya que se sobreentiende que se dan porque el otro no sabe hacer algo. Empiezo a ver el desequilibrio que hay en esa pareja. Una entrevista con el marido me permitió comprender mejor su dinámica relacional. Él creía que su mujer le prestaba demasiada atención a Alexandre: enseguida lo cogía en brazos cuando lloraba, era demasiado tolerante y su actitud era excesivamente maternal. Él se inclinaba por una educación más estricta. «¡Tienes que poner límites porque si no acabarás agotada!», le decía. Lucie le estaba muy agradecida, ¡se mostraba tan atento! No quería que se cansara... Pero aun así ella estaba cada vez peor. Aunque los consejos que le daba su marido tendrían que aliviarla, cuanto más los seguía, más agotada y desgraciada se sentía, y cada vez le costaba más satisfacer las demandas y necesidades de su hijo. Frédéric la aconsejaba: «Deja que llore, ya se le pasará, hazme caso...» Y cada consejo la desvalorizaba un poco más. Lucie *sentía*, pero Frédéric *sabía*, y a ella le habían enseñado que saber era más que sentir. En este contexto, los reproches y los consejos de su marido tenían mucho poder, puesto que no hacían más que confirmar los «no vales para nada» de su infancia. Lucie daba muestras de una sumisión a la que cabía añadir la fragilidad natural del período de maternidad provocada por el cansancio, los trastornos hormonales, el trauma del parto y la pérdida de sus puntos de referencia habituales. ¡Por no hablar de que ya no trabajaba! Los horarios regulares ya no marcaban el ritmo de sus días y, sobre todo, había dejado de sentirse competente y eficaz, al quedarse en casa para cuidar a su bebé. La depresión estaba a la vuelta de la esquina.

Le hice diversas preguntas a Frédéric sobre su historia personal. Y me contó que, al poco de nacer él, su madre se quedó embarazada de nuevo. Sólo pudo tenerla completamente para él durante dos meses, y eso sin dejar de trabajar. ¡En los pequeños comercios no existe el descanso por maternidad! Él dormía en la trastienda, y su madre se acercaba a amamantarlo cuando no había demasiados clientes. El tiempo y la atención que su mujer dedicaba a las necesidades de su hijo le resultaban intolerables. Verla comportarse como una madre especialmente atenta le hacía recordar todo aquello que él no había tenido, y no hacía más que subrayar que él también habría podido, o, mejor aún, habría debido, recibir la misma ternura. ¡Darse cuenta de la injusticia con que le habían tratado le hacía sufrir demasiado! Antes que pensar en el dolor que sentía cuando era pequeño al verse abandonado por su madre, prefería juzgar a su mujer: era una mala madre ya que, a pesar de rechazar a su hijo, al mismo tiempo se ocupaba «demasiado» de él. Él la hacía sentirse culpable y Lucie sufría. Como no podía explicarle a su marido que él era el causante de la ira y el rechazo que sentía, proyectaba esos sentimientos en su hijo. En apariencia, Frédéric era el que no tenía problemas, el que sabía, el que hacía cuanto estaba en sus manos por su familia y el que tenía que soportar a una esposa depresiva. En realidad, soportaba una gran responsabilidad en la dinámica familiar. En la pareja, así como en la familia, la persona portadora del síntoma no siempre es la que funciona peor, sino que tan sólo es el fusible, el elemento más sensible, que salta para proteger a los otros. La familia es un sistema. El nacimiento de un hijo lo cambia todo, por lo que la pareja tiene que reajustarse en lo afectivo. En algunas parejas dicho reajuste se hace bien, pero, en otras, las heridas abiertas del pasado volverán a manifestarse.

Los padres, que hasta el nacimiento del bebé tan sólo se miraban el uno al otro, tienen que aprender a cuidar juntos de su pequeño. La mujer se convierte en madre. Durante un tiempo aparca sus propias necesidades para estar por su bebé. Actuar así es fácil cuando, de pequeña, a la madre la cuidaron como es debido, pero no lo es tanto cuando no fue así. El hombre se convierte en padre. Está por su bebé, pero también mima a su mujer y está a su lado, proporcionándole los recursos que necesita para que pueda amamantar a su pequeño. Actuar así es fácil cuando, de pequeño, al padre lo cuidaron como es debido, pero no lo es tanto cuando no fue así. Ciertos hombres reaccionan mal cuando su mujer se convierte en madre. Algunos intentan huir de la situación por temor a que la fusión sea demasiado grande, y otros se sienten aterrorizados por causa de las necesidades del bebé e incomodados por las de su mujer. Siguiendo el modelo de su propio padre, rehúyen la intimidad familiar y deciden adoptar un nuevo papel; es decir, el de «El padre soy yo, y estoy aquí para separar a la madre de su hijo, para traer el dinero al hogar y para proteger a la familia».

Las actitudes de la madre —al igual que las de cada uno de los miembros de la familia— responden a una compleja dinámica familiar. Es frecuente oír a un marido reprocharle a su mujer que se vuelca demasiado en sus hijos... Sin embargo, una madre que se vuelca demasiado en sus hijos, ¡a menudo es porque experimenta algún tipo de carencia con su marido!

Cuando el hombre trata a su mujer con ternura, se mantiene físicamente unido a ella, respeta sus emociones y le muestra admiración, cuando asume tanto su papel de marido como el de padre, está creando las condiciones favorables para que la madre pueda establecer una relación más justa con su hijo.*

* Y a la inversa, por supuesto. Cuando el padre es el que cuida al niño en el hogar y la madre trabaja, ésta también tiene que tratarlo con ternura, apoyarlo tanto afectiva como logísticamente y proporcionarle los recursos que necesita.

3

Carencias inconfesables

A veces no sabemos demasiado bien por qué nos sentimos mal. Todo el mundo nos dice que lo tenemos «todo para ser felices». Y como no tenemos derecho a compadecernos, no nos escuchamos... Imponemos silencio a la vocecita interior que nos grita su insatisfacción... Pero la falta se convierte en carencia, y un día u otro, inconscientemente, proyectaremos nuestras frustraciones sobre nuestros hijos.

Edwige dejó un trabajo muy gratificante y que la apasionaba. Eligió ocuparse de sus hijos, y aunque lo hico un poco empujada por la familia y por su marido, al final tomó esa decisión. Sin embargo, aunque no se atreve a confesárselo, echa de menos su profesión y sus hijos están lejos de proporcionarle la estimulación intelectual, la satisfacción personal y el reconocimiento social que tenía cuando trabajaba. Hasta echa en falta la tensión. Entregar un expediente a tiempo, ser la mejor, conseguir un nuevo mercado... Le gustaba el estrés que, según su entorno, resultaba demasiado agotador para una joven madre. Es duro confesarse a uno mismo que los hijos no llenan nuestra vida tanto como esperábamos... Edwige adora a sus hijos, pero en cierto modo está resentida con ellos por causa de la decisión que tomó en su día, la cual, por otro lado, no se atreve a cuestionar. Sabe bien que ellos no tienen la culpa. Como es lógico, la decisión no fue suya, pero aun así para ella fueron los causantes de todo... Se pone nerviosa por cualquier nimiedad, se impacienta fácilmente, y se sorprende a sí mima cuando actúa como si fuera mala. Como es lógico, no se gusta en esa imagen de mala madre, lo que no contribuye a arreglar las cosas.

Cualquier tensión y cualquier necesidad frustrada engendran emociones susceptibles de ser liberadas en nuestros hijos. Así pues, si tenemos problemas en el trabajo, si nuestra relación de pareja no nos llena, si creemos que no nos hemos desarrollado lo suficiente en lo personal, o si no sabemos cuáles son nuestros objetivos..., tenemos que ser conscientes de que todas estas circunstancias pueden contribuir a alterar nuestras relaciones con nuestros niños.

Hay soluciones. Pero para encontrarlas, primero tenemos que atrevernos a mirar de frente a nuestra propia vida, y luego tener bien presente que somos algo más que espíritus: tenemos un cuerpo, necesitamos alimentarnos, dormir y que nos dé el sol... Cuando esas necesidades no se ven satisfechas, socavan una parte de nuestra energía. Y entonces nuestro umbral de tolerancia al ruido, al desorden y a la contradicción baja considerablemente.

4

Las hormonas

No podemos seguir menospreciando la influencia de las hormonas. Cada mes, nosotras, las mujeres, sufrimos una tempestad hormonal que a veces se desborda sobre nuestro entorno. El marido y los niños son las primeras víctimas de nuestra ira. La inmensa mayoría de las mujeres, en un momento dado de su vida y a menudo después de su primer parto, sufren el síndrome premenstrual.

Un síndrome es un conjunto de síntomas. La tensión, el nerviosismo, la negatividad, la tendencia a criticar y a desvalorizar al otro forman parte de dichos síntomas. ¡Cuando hay una afluencia importante de estrógenos en la sangre, no es fácil conservar la calma!

Saber estas cosas resulta útil para conservar la calma durante ese período y no dejarse invadir por la ira que nos envían las hormonas. En esos momentos, nuestra capacidad de emitir un juicio objetivo es nula.

Eso no significa que nuestros hijos no «merezcan» que los riñamos. Pero ¿cómo se explica que, precisamente, les gritemos más durante ese período del ciclo?

5

Cuando una prueba absorbe nuestra energía

La vida no es fácil. No siempre transcurre tranquilamente. La enfermedad, el paro o la muerte de una persona próxima se presentan sin previo aviso. Por desgracia, cuando pasamos por una prueba, no somos los mismos que cuando en nuestra vida diaria reina la tranquilidad. No siempre podemos elegir las cosas que nos pasan. Las emociones, las tensiones y el cansancio nos alteran el humor, nos minan la moral y la energía, y repercuten en nuestras relaciones con nuestros hijos.

Dorothée tiene cáncer, y está muy centrada en sí misma. Siente la necesidad de encontrarse, y de ocuparse sólo de ella y de su curación. ¿Cómo podrá seguir estando disponible y mostrándose serena con sus hijos estando enferma? Ya no aguanta el ruido que hace su hijo. Desde que cayó enferma grita mucho y se culpa por ello. Comprende que eso no contribuye a tranquilizar a Timothée, su hijo de cinco años, al que la enfermedad de su mamá le produce mucha angustia. La madre se da cuenta de que el niño lo acepta todo y que se somete, pero a ella eso no le gusta. Le da miedo que el pequeño se sienta culpable de hacerle daño a su mamá. Sabe bien que, a su edad, su pequeño todavía piensa en sí mismo de un modo egocéntrico, creyéndose el centro del mundo, y, por tanto, que puede llegar a pensar que él es el responsable de lo que le pasa a ella, «si mamá está enferma, es por mi culpa». A Dorothée le gustaría no empeorar las cosas, mantenerse serena y hablar despacio a su hijo, pero sus reflexiones no están a la altura de sus deseos. La tensión puede con ella... Grita, aterroriza y culpabiliza a Timothée. No logra actuar de otro modo. Se lo reprocha a sí misma, y, cuanto más lo hace, más grita. Sólo puede ayudarla la intervención de una tercera persona. No somos superhombres ni supermujeres. Cuando una de las dimensiones de nuestra vida acapara una gran parte de nuestra energía, nos queda menos para nuestros hijos.

Bien se trate de dificultades financieras, del riesgo de quedarnos sin trabajo, de un problema de acoso laboral, de la enfermedad o la defunción de un ser querido, o de que nosotros mismos caigamos enfermos, la angustia que estas circunstancias nos provocan nos pesa mucho y nos impide estar tan disponibles como nos gustaría. En realidad, no es tanto el problema en sí lo que socava nuestra energía, sino el esfuerzo que dedicamos a reprimir nuestras emociones. Naturalmente, el problema nos preocupa, pero lo que nos aplasta es la angustia. Precisamente, para denominar la sensación opresora que se siente a nivel del plexo, utilizamos la palabra *angustia*. No es una emoción, sino una mezcla de emociones, un sentimiento parásito relacionado con la represión de nuestro sentimientos de miedo, de cólera, de tristeza... A la angustia se la asocia con los pensamientos sombríos y con las creencias negativas: «No lo conseguiré, soy una nulidad, no valgo para nada...»

La angustia es la manifestación del caos emocional en el que estamos inmersos.

Para no darles miedo a nuestros hijos y para protegerlos, pero también para no enfrentarnos a nuestra realidad, a menudo preferimos callar las angustias que nos atenazan. Optamos por conservarlas bien guardadas dentro de nuestro pecho, intentando mantenerlas escondidas a los ojos de los demás, sobre todo a los de nuestros hijos.

Sin embargo, hablar del problema y de los miedos que nos

suscita nos permitirá salir de esa situación caótica y elegir nuestros afectos. Y aunque eso no resuelva el problema, al menos nos ayudará a ver las cosas claras, y, en consecuencia, a contar con más recursos para resolverlo.

Por supuesto, nuestros hijos no son los que tienen que ayudarnos a efectuar esta selección, sino que tendremos que recurrir a otros adultos, como, por ejemplo, nuestro marido, los padres, los amigos, un psicoterapeuta... Pero nada justifica que les escondamos lo que sentimos. Nuestros hijos tienen derecho a conocer lo que nos preocupa, o, si nosotros mismos no lo sabemos, al menos a saber que algo nos angustia. «En estos momentos, estoy angustiado, pero no tiene nada que ver contigo.»

Porque si no lo hacemos pensarán otra cosa peor, y ello les llevará a que se angustien también, sin poder identificar claramente el origen de su desazón. Los niños pueden desarrollar síntomas anunciadores de su angustia, que van desde un descenso de las calificaciones escolares o un incremento de sus travesuras, hasta tensión, problemas de sueño, agresividad, depresión, etc. Estos síntomas son a la vez la consecuencia de la angustia subyacente y una especie de tentativa inconsciente para distraer a sus padres de lo que les preocupa, atrayendo su atención hacia ellos, así como un medio de intentar que saquen fuera la cólera que ellos perciben de una manera confusa en sus padres. Unas veces lo hacen de manera inconsciente, y otras, no. No es raro que en la consulta terapéutica el niño, como en el caso de Quentin, diga abiertamente: «Mi padre me da miedo, siempre está muy enfadado. No puedo parar de hacer tonterías, y entonces se pone furioso conmigo». O como Marylou: «Mi casa parece un polvorín, y yo, de vez en cuando, hago que salten los plomos, intentando rebajar la tensión».

Cuando no les contamos la cosas que nos pasan, los niños intentan buscarles sentido y se construyen fantasmas en su mente que a menudo son peores que la realidad. Se ponen inconscientemente a nuestro servicio. A continuación incluyo algunas frases que he tenido ocasión de oír en la consulta:

«Mi madre no me ha dicho nada. Ni tan sólo ha llorado delante de mí. Pero cuando vi cómo estaba, me dije que nunca más haría nada que pudiera preocuparla.»

«Lo vi tan triste que me dije que no haría nada que pudiera entristecerlo más, nunca más he llorado en mi vida.»

«Mi padre hacía como si no pasara nada, pero yo veía que era muy desgraciado. Siempre estaba pendiente de él para que se sintiera bien.»

«Para distraer a mi madre hacía payasadas. Ella me decía que yo era la luz de su vida, y entonces yo intentaba brillar con todas mis fuerzas para que no se muriera, ¡tenía tanto miedo de que se suicidara...!»

Paradójicamente, para proteger a nuestros hijos, muchas veces apenas les hablamos, o incluso nada, de lo que nos preocupa...

Pero callando tampoco los protegemos. Llorar juntos y compartir la ira es tan importante como compartir las alegrías, ya que hace que se refuerce el vínculo y que los padres y los hijos se sientan unidos. Además, a los padres les ayuda a no temer las reacciones de sus hijos y a no preocuparse excesivamente por ellos, y a estos últimos a saber lo que les pasa a sus padres y, en consecuencia, a ser capaces de comprenderlos. Pero no nos equivoquemos, cuando digo «hablar y compartir» ello no significa en absoluto que tengamos que decírselo todo o que carguemos un peso sobre sus espaldas, esperando que nos consuelen o que se hagan cargo de la situación. No invirtamos los papeles; no son ni nuestros protectores, ni nuestros padres: son nuestros hijos. No nos refugiemos en ellos en busca de consuelo. Tan sólo se trata de mantenerlos informados, es decir, de no callarnos, de no ocultarles las cosas, y de no mantener reprimidas nuestras emociones dentro de nosotros. Las emociones reprimidas nos roban muchísima energía. De un modo inconsciente, cuando nos dedicamos a esconder nuestras emociones a nuestros hijos, nos estamos alejando de ellos; por una parte, porque dentro de nosotros hay menos espacio, y por otra, porque no queremos que lo vean.

Además, ¡una de dos!, o bien no dejan traslucir nada y no desarrollan ningún síntoma aparente aunque nos vean agobiados por las preocupaciones, con lo que sólo consiguen exasperarnos (¡y hasta podemos llegar a acusarlos de que no se preocupan por nosotros, aunque en su presencia hayamos hecho todo lo posible para disimular que estamos preocupados!), o bien asumen inconscientemente nuestras emociones.

6

Es «todo lo que no me gusta»

Laetitia viene a verme con su hijo de tres años, Alexandre. El niño tiene unos ataques de cólera fenomenales. A lo tres años todavía se pueden coger rabietas, pero las suyas son de una intensidad terrible y pueden durar horas. La madre me cuenta la historia de los primeros años de vida del pequeño. Los padres son respetuosos con las necesidades de su hijo, se muestran atentos con él y ninguno de los dos grita nunca. Nada, en apariencia, parece justificar las rabietas de Alexandre, que se desencadenan por cualquier tontería. Los ataques son tan fuertes que probablemente no sean sólo cosa de él. Me paro a pensar en un comentario de Laetitia: «Yo no grito nunca». Y decido interrogarla sobre su pasado.

El padre de Laetitia tenía problemas con el alcohol. Era un hombre muy autoritario y cuando había bebido se volvía violento. Pegaba a su mujer y a sus hijos. Su madre sufría y lloraba. Cada vez se desentendía más de sus hijos o esperaba que ellos se ocuparan de ella. Actualmente Laetitia mantiene unas relaciones bastantes distantes con sus padres. Como es lógico, les reprocha que le hayan estropeado la infancia, pero se niega a «remover el pasado». Ha enterrado su ira y finge.

Hasta que un día nació Alexandre. Al tener que enfrentarse a su pequeño, el *flash-back* vuelve a su memoria, pero se cierra y se niega a sentir. ¡Ha vivido tan aterrorizada, tiene tanto odio, tanto dolor y tanta rabia dentro de sí...! Pero se reprime. Para protegerse, intenta desprenderse de esas emociones tan indeseables. Es uno de los llamados mecanismos de defensa más antiguos. Inconscientemente proyecta su cólera sobre su hijo... De hecho, se sirve, siempre inconscientemente, de él para sacar lo que ni tan siquiera se atreve a sentir. Alexandre percibe confusamente que, cuando grita y da cabezazos contra la pared, algo se mueve dentro de su mamá... Y como quiere contentarla, empieza de nuevo... Evidentemente, él tampoco lo hace conscientemente. Pero se ve invadido por emociones que lo superan y que se siente incapaz de controlar. Es superior a sus fuerzas. Muy lejos de imaginar que la causa de las rabietas de su hijo puede estar en ella, Laetitia se siente indefensa y no las comprende. Y no puede comprenderlas, ya que las reacciones de Alexandre no tienen nada que ver con su entorno.

Ella se siente impotente y procura calmar a su hijo, intentando que deje de chillar. Pero el pequeño también se muestra sensible a esa pequeña parte de su mamá que parece apreciar sus «desahogos». Los mensajes inconscientes que le envía su madre mandan sobre los conscientes. Alexandre se siente atrapado por la necesidad de ayudar a su mamá, y carga sobre sus hombros el peso de la rabia que ésta mantiene en silencio. Se siente muy furioso contra su madre; mucho más de lo que la propia Laetitia se atreviera nunca a estarlo contra sus padres. Y quizá en todo ello también tenga algo que ver el hecho de que ella aún no ha sido capaz de echar fuera su ira.

Cuando hablamos de estos temas en la consulta, desde lo alto de sus tres años, Alexandre escucha atentamente. Laetitia, llorando, se dirige a él y le dice: «No tienes por qué cargar con mi ira. Tú no tienes que ocuparte de mí. Aquí la madre soy yo. Hablaré con mis padres y les diré lo que nunca me he atrevido a decirles. Es mi problema y es mi ira».

Después de la sesión, los ataques desmesurados del pequeño Alexandre desaparecieron.

Ahora Alexandre coge sólo rabietas normales en respuesta a situaciones en las que se siente frustrado o injustamente tratado.

Nuestras heridas guían inconscientemente nuestras actitudes, motivando que enviemos mensajes no verbales que pueden llegar a contradecir nuestras órdenes verbales. Al no ser explícitos, dichos mensajes no verbales siempre son más fuertes que nuestras palabras.

Por ejemplo, si una madre desprecia a los hombres porque ha sido víctima de abusos, lo más seguro es que le cueste estimar y confiar en su hijo, el cual no deja de ser un hombre en potencia. Lo quiere y no puede quererlo. Sólo puede manifestar una ambivalencia contra la que el bebé, el niño, el adolescente y el joven reaccionará. Los hijos se construyen en la mirada de sus padres.

Los investigadores, cada vez más conscientes de la dimensión sistémica de los problemas familiares, estudian los síntomas especulares entre padres e hijos. Un estudio cruzado sobre 40 adolescentes aquejados de cansancio crónico y 36 «sujetos-control», mostró que, entre la presencia del cansancio crónico en los hijos y el desamparo psicológico de la madre, había una correlación. Y lo que es más sorprendente: ¡Cuando el número de horas que pasa la madre fuera del hogar aumenta, el riesgo de que el hijo contraiga cansancio crónico disminuye! Está comprobado: el estado físico y psíquico del adolescente está relacionado con el estado emocional de su madre. Si la madre siempre está angustiada, el cansancio hará mella en el adolescente. Y en ese caso, ¿por qué tiene que reprimir la cólera que siente hacia ella? Cuando un adolescente está cansado, todo lo que hagan sus padres para motivarlo será inútil. Para que abandone su letargo, es preferible que salga y saboree por sí mismo los placeres de la vida.

Los hijos también reaccionan ante ciertas situaciones. Cuando un niño se comporta de un modo que se sale de la norma, va bien fijarse un poco en las circunstancias que lo rodean. Y aunque oficialmente el niño no sea consciente de ellas, las presiente, las siente... y reacciona ante lo que no se dice. Un problema en la familia, la muerte de un ser querido, el anuncio de una separación, una discusión entre los padres, etc. Aunque aparentemente el niño no se haya enterado de nada, al día siguiente su crisis es de las que hacen época. Salta por todo: por la ropa, por la música, por si sale o no... En apariencia, lo que le provoca un enfado tan desmesurado no tiene nada que ver con el secreto que inconscientemente lo motiva.

Los niños de todas las edades reaccionan ante lo que los adultos intentan callar. ¿Y si aprendiéramos a hablarles para no tener que castigarlos por un comportamiento que es muy posible que nosotros hayamos suscitado por medio de nuestro silencio?

El niño siempre procura parecerse a lo que sus padres le piden que sea. Y aunque nosotros no lo veamos así, él tiende a interpretar las definiciones que hacemos acerca de su persona como órdenes. Para nuestro hijo la frase «eres miedoso» se convierte rápidamente en «sé miedoso». Como lo dicen sus padres, debe ser verdad, y entonces el niño se adapta. Y sobre todo porque a veces hace mucho más caso de las expectativas inconscientes de sus padres que lo que éstos le piden conscientemente.

7

Una historia que se repite

«Matthieu atravesó la carretera corriendo. Le di una bofetada, fue algo espontáneo, lo hice sin pensar. Es normal, ¿no? ¡Es peligroso atravesar así! ¡Vaya si lo entendió, te lo garantizo!»

Pues no; no es normal pegarle a un niño cuando hace algo peligroso. Es posible que sea lo que se suele hacer porque nuestra sociedad todavía no ha sabido arreglar los problemas relacionados con la violencia, pero no es ni natural, ni sano. Es como considerar que el niño sólo es un animal al que hay que amaestrar. Le inculcamos el reflejo de Pavlov. Y aunque a veces eso funcione, tiene efectos secundarios. Darle una bofetada a un chaval que corre en la calle hará que esté atento a si hay algún adulto que pueda regañarlo..., pero no a si pasan coches. Por no hablar de las reacciones rebeldes a que ello puede dar lugar después.

Catherine le dio una bofetada a su hijo. Después de preguntarle sobre este tema me confirma que cuando era pequeña le dieron muchas bofetadas, pero nunca de una manera abusiva, me dice. Sólo cuando hacía tonterías o algo peligroso. Siempre ha considerado que las bofetadas que le dieron eran justas. La invito a que siga recordando. No le viene a la memoria ninguna situación en concreto, pero sí se acuerda de las bofetadas.

—¿Qué sentías cuando te daban una bofetada?

—La mejilla me ardía, y odiaba a mi madre. Me iba a mi habitación murmurando contra ella. Buscaba la manera de hacer algo malo sin que se diera cuenta... Lo que está claro es que ya no pensaba en la tontería que había cometido, sino que me entraban ganas de hacerlo otra vez, pero a la chita callando, ¡sin que me pillaran!

El escozor que produce la bofetada recibida borra la conciencia del error cometido y desvía la atención del hijo hacia la relación con su perseguidor. Al encontrarse de nuevo con la realidad de sus vivencias más allá del discurso aprendido, Catherine admitió que las bofetadas no le habían enseñado nada y que, decididamente, no eran un buen método educativo. Entonces, ¿qué se movió en su interior cuando Matthieu atravesó la calle corriendo? Sintió miedo de lo que pudiera pasarle, pero no sólo fue eso. La situación también sirvió para activar la memoria inconsciente de una situación parecida que ella misma vivió en el pasado.

Frente a una situación dada, el cerebro busca la respuesta apropiada. Si el análisis no es consciente, sobre todo en situaciones urgentes, el cerebro buscará esquemas comportamentales que tenga almacenado. La memoria de situaciones parecidas se activa. ¿Qué he visto o vivido anteriormente que pueda guiar mi actitud? Y aunque las imágenes siguen siendo inconscientes, no por ello son menos influyentes. Después, como es lógico, entre todos los comportamientos emergentes, el cerebro escogerá aquel que active menos emociones negativas.

Cuando su hijo cruza la calle, el cerebro de Catherine escoge los elementos más significativos. El niño hace una tontería, y se pone en peligro: ¿Qué tengo que hacer? El cerebro asimila esa situación con las situaciones que Catherine vivió en el pasado. Cuando hacía una tontería o se ponía en peligro, recibía una bofetada. En su memoria inconsciente, sigue estando presente la niña que un día fue, con sus sentimientos, y sigue estando presente su propia madre, con sus comportamientos. En ese preciso instante, Catherine tiene dos elecciones. O bien se identifica con el niño que recibe la bofetada, o bien se identifica con su madre y la da. Su cerebro escoge el comportamiento menos doloroso.

Mientras nuestros sufrimientos infantiles no salgan a la luz y reciban curación, nuestro cerebro no querrá arriesgarse a despertarlos, es decir, nos «protege» contra nuestra rabia, miedo o desesperación infantiles, optando por repetir el comportamiento ya visto, sobre todo cuando nuestros padres lo han calificado de «justo y bueno». Así es como repetimos los comportamientos de nuestros padres, y lo hacemos de buen grado o para nuestra desesperación. El psicoanálisis ha elucidado perfectamente este mecanismo de defensa y lo ha denominado como «identificación con el agresor».

No reduzcamos todas nuestras actitudes paternas a meras repeticiones, pero saber que este mecanismo existe sirve para disculpar a los padres que son víctimas de él y se desesperan por ello.

Asimismo, puede suceder que seamos conscientes de haber sufrido y que entonces escojamos, más o menos conscientemente, hacer justo lo contrario de lo que hacían nuestros padres. ¿Ellos nos lo prohibían todo?, pues nosotros lo permitimos todo. ¿Nos obligaban a comer?, pues nosotros sólo le damos a nuestro hijo lo que le gusta. ¿No nos ponían ninguna clase de límites?, pues nosotros optamos por ser severos, etc. Pero incluso en estos casos actuamos reaccionando contra nuestra propia historia, más que tras haber reflexionado en profundidad acerca de las necesidades de nuestros hijos. Nos comportamos de un modo automático.

No basta con ser conscientes de que un día fuimos heridos. Mientras no podamos expresarlas y contemos con alguien que nos escuche, nuestras emociones inhibidas se mantendrán activas. El hecho de adoptar una actitud completamente opuesta a la de nuestros padres no hace más que poner de manifiesto que estamos muy resentidos con ellos. Se trata de una postura que no es ni educativa, ni racional. Tendemos a considerar que hemos elegido libremente nuestros comportamientos educativos, y, por otro lado, con frecuencia creemos que nuestras heridas del pasado ya están curadas. Pero seamos capaces de observarnos introspectivamente. El exceso y el lado sistemático pueden ponernos en estado de alerta.

Siempre podemos elegir; o bien podemos identificarnos con el niño que un día fuimos, atreviéndonos a recordar lo vivido y nuestras emociones, a veces intensas, o bien podemos negar a ese niño, identificándonos con nuestros padres, convirtiendo su comportamiento en un modelo o haciendo justamente lo contrario. Si no actuamos conscientemente, es posible que la mayoría de las veces el propio automatismo que conlleva esa conducta se vuelva contra nuestro hijo, porque ¿a quién le apetece desenterrar recuerdos de los que nadie desea preocuparse?

Nuestra infancia queda muy lejos. Si nunca hemos cruzado la puerta de la consulta de un psicoterapeuta y no hemos revisado nuestro pasado, a menudo nuestra propia historia nos resulta desconocida. Naturalmente, todos nosotros tenemos muchos recuerdos, pero en la inmensa mayoría de los casos dichos recuerdos aún están cargados de emociones, y, como no se hallan ni organizados ni conectados entre sí, nos impiden ser libres. Nos han convertido en el ser que somos hoy, una persona que nos es familiar y desconocida al mismo tiempo. Nos conocemos en cierta medida y estamos «acostumbrados» a nuestras reacciones, pero no las dominamos. ¿Qué ha pasado? En general, conservamos los recuerdos positivos y agradables y borramos la parte que nos hace sufrir. Nos olvidamos de las humillaciones, de la angustia que sentíamos cuando nuestros padres nos reñían, de nuestro rencor frente a los castigos, del miedo a la oscuridad... Estamos convencidos de que, aunque en su día nos hicieran daño, nuestros padres actuaron así «por nuestro bien». Dado lo granujas que éramos, lo hicieron lo mejor que pudieron. Quizá esté exagerando, pero le invito a considerar la pizca de verdad que esconden mis palabras para ayudarle a comprender mejor lo que nos sucede. Del mismo modo como pensamos que los castigos infligidos por nuestros padres estaban justificados y sus actitudes motivadas por el amor que sentían por nosotros, cuando nuestros hijos se comportan como lo hacíamos nosotros, cuando hacen las mismas «tonterías» o tienen los mismos «caprichos», nos sentimos tentados a responder del mismo modo.

Al no tener conciencia de lo que pasaba dentro de nosotros cuando éramos pequeños, carecemos de puntos de referencia para sentir lo que les sucede a nuestros hijos. Y entonces también tendemos a comportarnos «por su bien», a hacer lo que es «bueno para ellos», obedeciendo más a nuestras certezas educativas que a nuestra sensibilidad, especialmente cuando dicha sensibilidad está más o menos enterrada. A veces sentimos remordimientos por comportarnos de ese modo, pero rara vez escuchamos solamente lo que nos dice nuestro corazón; sobre todo cuando hay otras voces más «autorizadas».

La violencia engendra violencia; un niño al que sus padres pegan se siente impotente y culpable, y reprime su rabia. Cuando se convierte en padre, cualquier sentimiento de impotencia frente a su hijo puede despertar la rabia que mantiene enterrada dentro de sí. Sus recuerdos permanecen en el inconsciente. Desbordado por la intensidad de sus sentimientos, el padre vierte sobre su hijo la ira que ha mantenido reprimida durante tanto tiempo.

8

La huida del dolor

La inmensa mayoría de los padres, los que van cada día al trabajo y no vuelven hasta bien entrada la tarde, no se dan cuenta para nada de la clase de vida que tiene su mujer. A menudo hasta idealizan su situación en el hogar, «Tienes suerte, ¡tan tranquila en casita!» De hecho, a pesar de sus palabras, es probable que tengan una pequeña idea de la verdad, ya que existen estudios que muestran que la mayoría de ellos huyen del hogar. ¡Y si huyen, es porque tienen miedo de algo! ¡Los datos lo confirman: en cuanto son padres, los hombres pasan más horas en la oficina o en el bar para no volver demasiado pronto a casa...

Naturalmente, no son más que estadísticas, ya que también hay papás «gallina», que corren a casa tan pronto como su trabajo se lo permite y que no vacilan en pedir permiso para llevar a su hijo al pediatra. Pero hay un buen porcentaje de hombres que vuelve cada vez más tarde a casa a partir del momento en que ésta está habitada por un pequeñín. A primera vista se podría creer que trabajan más para ganar más, y posiblemente habrá muchos que utilicen este argumento para justificarse, pero la realidad es otra. No es cierto, sino que, simplemente, no quieren vivir como su mujer, y sobre todo se niegan a despertar las intensas emociones de su infancia. ¡La elección depende de ellos! La sociedad les da derecho a escaparse, pero las mujeres no pueden huir. ¡Todo el mundo espera de ellas que se mantengan tranquilas, y lo que es más, sin perder la sonrisa!

Cuando una compañía situada en una zona industrial de las afueras de París, se dio cuenta de la necesidad de que los padres pasaran más tiempo con sus familias, decidió cerrar sus oficinas a las siete de la tarde.* Como en la empresa no había cafetería, la dirección se quedó estupefacta al ver que el personal se quedaba hablando hasta las ocho delante de la puerta, ¡incluso en pleno invierno! Esta conducta sólo tiene una explicación: sus retoños les inspiraban verdadero terror...

Cuando vuelven del trabajo, los padres están cansados. Pero no forzosamente por lo que han hecho durante la jornada. A menudo el cansancio es un síntoma de represión emocional. Se trata de un intento de anestesiar sufrimientos de los que prefieren no darse cuenta.

Cada día, Émilien volvía tarde a casa. Los domingos, con el tono de un hombre agobiado que ya no puede dar más de sí, les decís a su mujer y a sus hijos: «Sólo os pido un ratito de tranquilidad para que pueda leer el periódico», y desaparecía durante más de dos horas. Prometía estar más presente y disponible durante las vacaciones, «cuando consiga olvidarme un poco del trabajo». Pero una vez de permiso, dormía mucho y hasta muy tarde... Según él, tenía que levantarse tarde por la mañana y hacer unas siestas muy largas para recuperarse del estrés acumulado durante el año... Tanto en vacaciones, como los domingos y los días festivos, su agotamiento le duraba hasta a primeras horas de la noche, cuando sus hijos ya estaban acostados. Entonces podía ver la televisión, navegar por Internet o dedicarse al bricolaje hasta la una de la madrugada.

En la consulta, Émilien tomó conciencia de las emociones que intentaba disimular con la excusa de su cansancio. Sabía más o menos que no tenía demasiadas ganas de prestarles más aten-

* *Courrier International*, 2005.

ción a sus hijos, sobre todo al pequeño, que sólo tenía meses. Le costaba mucho jugar con él. Después de tres sonrisitas, cuando ya había agotado el repertorio, se aburría mucho. «Es demasiado pequeño —decía—. Cuando hable, será otra cosa.»

En realidad, lo que sucedía era que a Émilien le costaba mucho vivir la intimidad. Pero junto a un bebé no hay más remedio que enfrentarse al desafío de la intimidad. Émilien creía verdaderamente que estaba cansado por culpa del trabajo, y no pensaba que lo que pasaba es que tenía un gran problema con su hijo. Encontraba natural y normal no jugar con él, y que fuera su mujer la que se ocupara de él casi siempre. «Es un trabajo de mujeres; el bebé necesita sobre todo a su mamá», se justificaba.

Le pedí que se pasara una hora entera jugando con su hijo, con una consigna: prohibido huir y prohibido aburrirse. Para conseguirlo, tenía que estar atento a todo lo que sentía el pequeño; es decir, a sus emociones, sentimientos y pensamientos.

Émilien se quedó estupefacto ante la intensidad del dolor que empezó a sentir. «Me veo a mí mismo siendo un bebé, y me parece que me da miedo descubrir que nadie me cuida.»

Los padres de Émilien no le prestaban atención. No estaban por él. A su padre también le apasionaba más su trabajo que su hijo. Su madre no tenía demasiadas ganas de cogerlo en brazos, ni de ir a su lado cuando él empezaba a llorar, ni de levantarse por las noches. El pequeño Émilien se había sentido muy solo. Y como todo ello le resultaba demasiado doloroso, había enterrado su sufrimiento en el inconsciente.

Émilien nunca se rebeló contra sus padres. Ni siquiera en la adolescencia. Se fue pronto de casa de sus padres, a los diecisiete años, pero lo achacó a su deseo de ser autónomo y a que la universidad estaba lejos. Después, vivió durante varios años en el extranjero. «No se interesaban demasiado por mí, pero como nos separaban tantos kilómetros, prefería pensar que era por la distancia y no por falta de afecto.» Y poco a poco se fue volviendo tan distante consigo mismo como sus padres lo eran con él.

Mientras permaneció soltero, pudo seguir sin darse cuenta de lo que le pasaba. Pero una vez que fue padre, le resultaba demasiado doloroso ver cómo sus hijos recibían lo que a él nunca le habían dado. Sobre todo cuando nació su hijo pequeño. Se veía a sí mismo reflejado en él, y eso era superior a sus fuerzas. No quería revivir el desamparo que le produjo su soledad. Evitaba cualquier contacto con sus hijos para no arriesgarse a que sus antiguos sentimientos de abandono despertaran. Huía de la intimidad con ellos para no revivir sus carencias. En realidad, no quería huir de su hijo pequeño, sino del dolor del niño que un día fue.

Las mujeres también viven el sufrimiento provocado por la reactivación de los recuerdos inconscientes. Pero, al contrario de los hombres, tienen menos posibilidades de huir físicamente, y entonces se arriesgan a caer en la depresión.

9

Cuando no se tiene derecho a existir

Para aquella madre, la vida era demasiado dura. Poco a poco, empezó a estar resentida con su bebé y a odiarlo por causa de la vida que tenía a su lado. Empezó a rechazarlo. Ya no podía más. No lograba quererlo. Un día, le entraron ganas de quitarse la vida...

Cuando una madre piensa en suicidarse, en general sus amigos y su familia intentan que entre en razón: «Tienes a tus hijos, piensa en ellos, no tienes derecho a hacer eso». Y así todavía la rebajan más. Y entonces posiblemente no lo haga por sus hijos, pero su entorno no ha hecho más que confirmarle lo que ya sabía: por sí misma no vale nada. Sus padres ya no le reconocen ningún derecho, ni el de decidir sobre su propia existencia. Sólo está en el mundo para los demás, para sus hijos. ¿Cómo no va estar resentida con ellos? Esa madre puede hundirse aún más en la depresión o volverse violenta. Y a veces ambas cosas.

Céline está saliendo de una larga depresión. Se encontraba mal, tan cansada y desengañada que no podía soportar nada que tuviera relación con sus dos hijos de ocho y cuatro años de edad. Y llegó a pegarles. Se odiaba por ello, lo que no contribuía a arreglar la imagen de sí misma. Nos confiesa: «Tuve ganas de suicidarme, lo único que me mantenía viva era el deber que tenía respecto a mis hijos; de hecho, sobrevivía, aquello no era vivir de verdad. Y encima sabía perfectamente que para mis hijos era muy duro. Ellos no tenían por qué cargar conmigo. Ni mi vida ni mi felicidad podían depender de ellos. Mi vida me concernía a mí. Mi vida me pertenecía a mí. Nadie me podía obligar a vivir por ellos. En cuanto me dije a mí misma que no estaba a cargo de ellos y que tenía todo el derecho a suicidarme..., me concedí el derecho a vivir. ¡Por mí! ¡No por mis hijos! Y así empecé a salir del túnel. Dejé de pegarles. Ya no les reprochaba que fueran un peso para mí. Ya no me sentía obligada a seguir viviendo por ellos, había decidido vivir por mí».

Naturalmente, en el momento de pasar a la acción, no es raro que la persona que pretende suicidarse piense en sus hijos y que al hacerlo desista. Eso es lo mejor que podría pasarle. Marthe nos confiesa: «Si mi hija no hubiera existido, me habría matado. Pensé en ella y no quise que creciera sin madre». No obstante, cuando la dinámica de dependencia está muy arraigada, la cosa es más problemática. «No tengo ningún gusto por la vida, sólo estoy aquí por mi hijo.» Afortunadamente para Marthe, el hecho de pensar en su hija evitó que llegara a materializar su propósito, y a partir de ahí ha seguido avanzando por la senda de su curación a fin de recuperar las ganas de vivir.

10

Reparar las relaciones dañadas

Reine adoraba a su hija mayor. Cuando nació su segundo hijo, tuvo la impresión de que el nuevo bebé llegaba un poco demasiado pronto y la separaba de ella... ¡Y para más inri ella misma tuvo muchas dificultades para querer a su hermano pequeño...! Su cabeza parecía una olla a presión. Al principio se decía: «Un niño no es lo mismo, por eso me cuesta tanto», pero luego se dio cuenta de lo que estaba pasando en realidad. «Cuando fui capaz de decirle a mi bebé de dos meses hasta qué punto me resultaba difícil quererlo como quería a su hermana mayor, me sentí completamente liberada y una oleada de amor me invadió. Por primera vez, me sentí verdaderamente muy cerca de él. Los ojos se me llenaron de lágrimas. A partir de ese momento, todo fue estupendamente.»

Expresar las emociones, hasta las más dolorosas, restaura el vínculo dañado. El silencio es más ofensivo que el odio. El odio es una acumulación de sentimientos mezclados que se esclarecen tan pronto como la persona puede hablar de él, porque entonces es capaz de reconocer y aceptar los miedos y los dolores que lleva aparejados.

11

¿De dónde vienen los fantasmas que amenazan a nuestros hijos?

«Es horrible —me confía Olivia, suspirando—. No puedo evitar pensar que violo a mi hija. La veo desnuda, y me imagino haciéndole daño y violándola. Esas imágenes me aterran. Me siento tan culpable...» Y se echa a llorar. Afortunadamente Olivia no había puesto en práctica sus horribles pensamientos, pero le aterrorizaba la idea de que un día no pudiera aguantarse.

¿Es una depravada? No. Este tipo de imágenes está presente en el inconsciente de todos nosotros. Pero cuando se vuelven obsesivas esconden una herida cuya fuente hay que descubrir. En lo concerniente a Olivia, hay varias hipótesis:

Estas imágenes nos dicen que ella también fue víctima de violación (penetración, tocamientos o exposición a imágenes obscenas). Olivia puede recordarlo, o no.

Fue testigo de una escena de violación de la que nunca ha podido hablar y que todavía está anclada dentro de ella. Puede recordarlo, o no.

Trasluce una situación de sumisión. Fue víctima de un abuso no sexual. La dominaron y humillaron sin poder defenderse. Es posible que sus imágenes sean de carácter sexual porque se trata de un abuso contra ella en tanto perteneciente al sexo femenino.

Una de sus antepasadas, su madre, su abuela o una tía con la que se ha identificado conscientemente o no, fue víctima de violación. Olivia puede o no saberlo.

Exploramos estas diferentes dimensiones. Olivia no ha sufrido ningún tipo de ultraje sexual, pero una encuesta realizada en su familia puso en claro que su propia madre había sido violada unos años antes de que ella naciera. Una mujer violada reacciona forzosamente cuando ve el cuerpo de su hija. Si la madre de Olivia no pudo curarse de las heridas sufridas en el pasado, ni liberarse de su miedo, de su dolor, de su asco y de su rabia..., lo más seguro es que siga estando dominada por estas emociones. Ponerse en el lugar del agresor es un mecanismo de defensa contra estas emociones tan intensas. A la madre de Olivia ni se le pasó por la cabeza que a su hija le sucedería eso. Probablemente, las imágenes de violación y de agresión que atenazaban a esta última se habían generado dentro de su propio espíritu. Por otra parte, sus palabras lo confirman: «¡Tenía tanto miedo por ti!» De todos modos, aunque no hubiera recogido directamente el testimonio de la madre de Olivia en lo referente a sus fantasmas, sí he tenido la oportunidad de escuchar el de otras madres que han sido víctimas de tocamientos o de violación. Me han hablado de las imágenes que les vienen a la cabeza cuando bañan a sus nietas o las ven desnudas, pero también de lo que les sucede otras muchas veces, especialmente cuando ven que no pueden controlar la situación. Perder el control es peligroso porque nos arriesgamos a revivir el horror. Las imágenes de sumisión de sus hijas sirven para que ellas no se vean aplastadas por el recuerdo de su propia sumisión.

Los inconscientes de los padres y los hijos se comunican, y las imágenes producto de las fantasías de la madre se insinúan en el inconsciente de la chica. Olivia está habitada por fantasmas que nos hablan del pasado de su madre, un pasado cuyas heridas no llegaron a curarse. Desde el momento en el que Olivia fue capaz de expresar con palabras tanto su propia historia como la de su madre, los fantasmas desaparecieron. Si no hubiera podido hablar de ello, me confiesa que ignora adónde habría podido llegar.

Es importante que seamos capaces de medir la fuerza de nuestros impulsos y que seamos conscientes de lo difícil que resulta luchar contra ellos. El incesto es un problema grave y no basta con decir que es algo que no está bien para suprimirlo. Está penado por la ley, pero continúa produciéndose porque este dato no basta para impedirlo. Un padre con fantasías incestuosas necesita ayuda para no pasar a la acción. Repetidas veces se ha puesto en evidencia que los padres incestuosos, los que materializan el incesto, a su vez fueron víctima de abusos cuando eran niños. Y aunque dicha circunstancia no los exculpe, al menos nos permite comprender el origen y la dinámica que se ponen en marcha en su psique. Al pasar a la acción, el padre le da permiso a su hijo para que él lo haga también. Y aunque el hijo resulte profundamente herido, no es consciente de la gravedad de su herida. De adulto, volverá a repetir la herida en un intento de anularla. «Yo no quiero que sea destructora, y de hecho no lo es, como demuestro cometiendo eso que nadie se atreve a nombrar.»

Las fantasías constituyen un intento de distanciarse de la herida. Visualizar las imágenes es una especie de intento de digerir lo insoportable. «Lo revivo sin fin mentalmente, y, para alejarlo, lo proyecto sobre otra persona.» Es como cuando los niños piensan una y otra vez en una imagen de un libro que les da mucho miedo —la bruja, el lobo malo, el monstruo—, y no porque les guste especialmente como a veces creen sus padres, sino porque no pueden evitar hacerlo.

Tener fantasías no implica pasar a la acción, pero tenemos que acudir a consultar a un especialista cuando esos pensamientos se vuelven más recurrentes o más complejos. En efecto, las fantasías que se mantienen en silencio tienden a alimentarse a sí mismas, a elaborar escenarios cada vez más complejos, y hasta pueden acabar levantando las barreras de la moral. Cuando estas últimas son suficientemente sólidas, el padre se contiene. Sufre en silencio por causa de sus imágenes, y a menudo se aparta de su hijo en un intento de alejar la tentación. Pero el peligro de que pase a la acción no ha desaparecido.

Los abusos sexuales contra los menores proliferan. Por ejemplo, en París, en 2004 la justicia tuvo que intervenir en más de 800 casos. Cerca del 70 % de las víctimas tenían menos de 15 años. El 60 % de las agresiones tenían lugar en el medio familiar.*

EL ODAS (Observatorio Descentralizado para la Acción Social) lo achaca a la falta de solidez de las familias y subraya que, contrariamente a lo que suele creerse, una situación económica precaria sólo constituye un factor de riesgo muy minoritario. En cambio, el aislamiento social desempeña un papel muy importante.

De ahí la importancia de no callarse, de que nos atrevamos a hablar de nuestras heridas y nuestros fantasmas, así como de nuestras imágenes y nuestras tentaciones, para que todos se atrevan a hablar más de estos temas, y para que aquellos que necesitan ayuda y apoyo sientan que pueden expresarse sin ser juzgados. Una precisión: ¡Tener una fantasía sexual no indica forzosamente que deseemos algo! Es algo mucho más complejo. Una fantasía es una imagen mental, una contracción de múltiples sensaciones, emociones y pensamientos inconscientes. Cuando la fantasía se vuelve recurrente, tenemos que escucharla porque es un mensaje de nuestro inconsciente. Es necesario ir más allá de las imágenes aparentes a fin de escuchar y analizar lo que lo subtiende en toda su complejidad. Ceder a la perversidad, sea de la clase que sea, es reductor y dificulta la curación.

Cuando se ha sido violado, las barreras de la moral se desploman. No han servido para protegernos. Están en ruinas. Ya no

---

* El ODAS (2001) considera que una chica de cada ocho y un chico de cada diez son víctimas de abusos sexuales antes de cumplir quince años. El 22 % de ellos tienen menos de seis años. En cuatro casos de cada diez, los niños son víctimas de agresiones repetidas.

nos sirven de pantalla. Y entonces el padre pasa a estar desprotegido, sin barreras de seguridad, y cae en la tentación; es decir, repite lo mismo que le hicieron a él. El acto es devastador para el hijo. Las heridas del pasado hacen que el padre se vuelva vulnerable y, por tanto, que necesite ayuda para no ceder. Juzgar a la persona, decir que es un ser perverso sólo contribuye a agravar su humillación y a que el riesgo de recidiva aumente. Sin embargo, juzgar el acto es edificar un muro de contención.

Un fantasma es una imagen mental, y no expresa forzosamente un deseo, sino una herida, un sufrimiento interior y emociones reprimidas.

12

La herida del testigo impotente

Solène me escribe: «De todos los recuerdos que guardo en mi memoria, este es el que más daño me hace: veo a mi madre pegando a mi hermana Mathilde en la cocina porque no quiere comerse la sopa. La escena tiene lugar justo a mi espalda porque estoy sentada en mi sitio a la mesa, como todo el resto de la familia. Mathilde está en el suelo, y mi mamá continúa golpeándola. Veo tal violencia en su mirada que me siento aterrorizada. Tengo entre cinco y siete años, y no consigo establecer una relación entre la causa y la brutalidad del castigo. Todavía me siento paralizada por la impotencia. ¿Le pegaba porque no quería comerse la sopa? ¿O era porque se atrevía a tener una rabieta?»

Ser testigo de una escena de violencia marca para mucho tiempo. Los sentimientos son complejos. Las emociones son todas tan fuertes que no sabemos cuál es la que prevalece más; si la del espanto que sentimos frente a la locura que traslucen los ojos del padre, el miedo a lo que vendrá después, el dolor que nos provoca el sufrimiento de la víctima, la rabia de sentirnos impotentes —no puedo hacer nada para acabar con tanta violencia—, y por último la culpabilidad: «No hago nada, y sé que debería hacer algo», aunque haya pasado el tiempo. Todo ello sin contar con puntos de referencia sobre lo que es justo e injusto, y sobre lo que se hace y lo que no se hace. «Como mi padre pega, será que es bueno..., pero pegar hace daño y me da miedo..., por lo que no debe de ser bueno, pero si él lo hace...»

Cuando estos pensamientos se mezclan formando una especie de nudo en el interior del niño, las consecuencias pueden ser graves y duraderas: problemas en la escuela, dificultades de sociabilidad, depresión, ansiedad, etc. También constituyen un factor de riesgo para la delincuencia, la ingesta de alcohol o de drogas, y, por supuesto, para futuros actos de violencia.

Las mujeres cuyos maridos fueron víctimas de actos violentos cuando eran jóvenes, o fueron testigos de la violencia ejercida contra sus madres, suelen ser más víctimas de maltratos que aquellas cuyas circunstancias fueron distintas. Numerosos estudios muestran que los niños nacidos en hogares en los que la violencia se utiliza como medio de resolución de conflictos, manifiestan un comportamiento más agresivo que los demás, y corren tres veces más peligro de verse implicados en peleas. ¡Como víctimas o como autores!

No todos los adultos que cuando eran niños fueron víctimas o testigos de escenas de violencia se convierten en padres violentos, pero pueden seguir siendo víctimas para siempre.

Sandra recibió muchas humillaciones, golpes y bofetadas tanto de su padre como de su madre. Cuando se convirtió en madre, a su hija jamás le tocó ni un pelo... Pero otra vez fue víctima de violencia. Su marido le pegó muchas veces, pero finalmente, después de una paliza, tomó conciencia de lo que le pasaba y decidió dar inicio a las sesiones de terapia. Su hija fue testigo de escenas terribles. Sandra también dejó que, una vez, su marido abofeteara a su hija sin intervenir. Era incapaz de reaccionar ante los actos de su marido como en otro tiempo lo fue respecto a los de su padre. Se sentía completamente desbordada. Después, fue a consolar a Élienor, pero el mal ya estaba hecho. La había traicionado.

Ha pasado el tiempo y ahora Élienor también es madre. Es dura con su hija, y la abofetea a menudo. Con desesperación, Sandra ve cómo sufre su nieta. No sabe cómo actuar. Élienor no la escucha y justifica sus bofetadas, alegando que su hija es «desobediente». Sandra nunca la trató con violencia. Élienor sólo recibió una bofetada de su padre, cuando era adolescente, pero esa bofetada bastó para concentrar en un solo punto toda la violencia familiar. Su padre le pegó y su madre no dijo nada. Élienor pega a su hija tal como le pegaron a ella y/o como vio a su padre pegar a su madre. Naturalmente, Élienor no ha heredado la violencia de su madre, sino de su padre, pero para librarse de la herencia paterna, Élienor habría necesitado que su madre hubiera salido de su condición de víctima.

Por medio de su silencio, el testigo autoriza la violencia y se convierte en cómplice. El niño que es testigo de la violencia que se ejerce contra otras personas, contra un hermano o contra su madre, puede sufrir tanto por ello como si él mismo fuera la víctima, y tenderá a repetir de nuevo los actos de violencia como actor o como víctima.

Cuando gracias a la psicoterapia Sandra pudo salir de su posición de víctima, tanto respecto a su marido como a sus padres, cuando por fin se atrevió a ser fuerte y a sacar fuera su ira, a denunciar la injusticia y a protegerse, su hija, Élienor, pudo hablar con ella de la violencia que la invadía en determinadas situaciones. Finalmente podía hablar de su problema e intentar superarlo; es decir estudiarlo a fondo e integrarlo emocionalmente. Élienor ya no pega a su hija y la relación entre la abuela, la madre y la nieta es más fluida e íntima.

13

Cuando entra en juego la competencia

«No hay ninguna razón para que tú tengas lo que yo nunca pude tener.» La competencia con el hijo puede existir a todas las edades. «Como mi padre nunca se levantó por la noche para consolarme, yo tampoco me levanto para consolar a mi hijo. / Como yo no tenía ropa nueva, mis hijos tampoco la tendrán. / Como yo no tenía derecho a salir con un chico, mi hija tampoco. / Me fui de casa de mis padres a los dieciocho años para independizarme, mi hijo se irá a esa misma edad, no voy a seguir cuidándole para siempre...»

Con frecuencia he tenido ocasión de escuchar tanto a hombres como a mujeres hablar de esa clase de competencia. No siempre es fácil ver que nuestro hijo tiene cosas que nosotros nunca tuvimos, ya que eso pone en evidencia nuestras carencias, y nos hace darnos perfecta cuenta de que nosotros también habríamos podido —o debido— tener derecho a poseerlo. Algunos logran superarlo, diciendo adiós a una infancia que nunca tuvieron, pero otros, no. A menudo porque la primera emoción del proceso del duelo es la ira que se siente hacia los padres, y, precisamente, estamos hablando de una emoción que está prohibida. Otros son conscientes de lo que les pasa. «Crecí sin madre y no creo que yo pueda serlo; me sentiría demasiado celosa de todo lo que mi hija tendría.» También hay que contar con el inconsciente que sirve de base a actitudes de este tipo, como la de una madre que viste mal a sus hijas... ¡a fin de evitar que compitan con ella en el plano físico! Para empeorar más las cosas, a menudo les recuerda que son más feas que Picio.

Para muchos padres la competencia consiste en confundir a su mujer con su madre; las esposas de esta clase de hombres suelen decir que tienen un niño más en casa. Marc es muy claro: no soporta que su mujer se ocupe de su hijo. «Ya no me haces caso...», se queja. Robert es demasiado orgulloso como para reconocer las cosas tan crudamente, pero critica a su mujer continuamente: «¡Estás demasiado pendiente de Thomas, en cuanto se pone a llorar sales corriendo, ¡podrías dejarlo lloriquear un poco!» A Robert su madre no le dio el pecho cuando era un bebé porque su padre no quería. Se aferraba a un discurso más o menos abstracto para justificarse, pero la verdad era que le preocupaba que los pechos de su mujer dejaran de ser de su exclusiva propiedad. La idea de que otro que no fuera él los acaparara le resultaba insoportable, aunque ese otro fuera su hijo.

Ciertos padres a sus hijos no les otorgan el derecho a ser más que ellos. A veces puede pasar que una madre tenga problemas para aceptar la feminidad de su hija, y entonces la desvaloriza, obligándola a llevar un tipo de ropa que no le va nada para que no sea más guapa que ella. Y también puede pasar que un padre no soporte que sus hijos sean más brillantes que él a nivel escolar o que ganen más dinero que él. Como es lógico, estas cosas no se dicen abiertamente. Pero el hijo capta muy bien el mensaje y se siente mal. Por otro lado, criticar la conducta de esos padres sólo serviría para agravar el problema. Si se comportan así, es porque siempre han carecido del reconocimiento de los demás.

A veces la competencia entre padres e hijos es completamente inconsciente. Algunos padres piensan que su hijo es un tirano. No soportan ni sus peticiones, ni sus necesidades, ni su dependencia, ya que por su causa se ven obligados a aparcar por un tiempo sus propios deseos y hasta sus necesidades.

«¡No me da la gana sacrificarme! ¡Yo también tengo mis necesidades! ¡Necesito salir, ir al restaurante, al cine...!» Pero no se trata de necesidades, sino de deseos. No son vitales, y, por lo tanto, no pueden sopesarse en plan de igualdad con la necesidad que tiene un niño a que lo alimenten y a que lo traten con ternura. En realidad, detrás de la expresión de esa necesidad, que para el padre es imperativa, se esconden sus miedos. Miedo a la intimidad y miedo a ver cómo resurgen las emociones de su propia infancia.

La madre, agotada, puede llegar a sentirse prisionera de su hijo y explotada por él. La mayoría de las veces no tiene apenas elección; es decir, no puede hacer más que estar junto a ellos y en el fondo se lo reprocha. Para ella son los barrotes de su prisión.

Los hombres lo tienen más fácil para liberarse un poco de sus responsabilidades paternas: «¡Trabajo duro durante toda la semana, y es normal que el domingo necesite relajarme!» ¡Y a veces hasta se lo creen! Por desgracia, tanto las madres como los niños también acaban creyéndolo, llegando incluso a preservar los espacios de «libertad» de su marido o padre. Alain sale cada domingo a practicar *windsurfing* sin que ello le produzca el menor sentimiento de culpa. Patrick duerme hasta mediodía, y luego se pasa la tarde jugando a tenis... Pero eso no es libertad; es escaquearse. Anteponen sus propias necesidades, o mejor dicho, lo que califican de necesidades, en detrimento de las de sus hijos. En esta competición, a los hijos no les queda más remedio que someterse. No obstante, esa situación tampoco sirve para hacer más felices a los padres, ya que el «paquete» de todo lo que sufrieron cuando eran niños, que impide que mantengan una relación sana con sus hijos, sigue estando presente, y su miedo a la intimidad permanece intacto.

14

Venganza inconsciente

Nuestras reacciones violentas respecto a nuestros hijos también tienen otra dimensión: la de la venganza de nuestra propia infancia. Como es lógico, también ahora estamos hablando de un mecanismo completamente inconsciente, pero de una dinámica distinta del que algunas veces nos lleva a competir con nuestros hijos.

Cuando en nuestra infancia nos hirieron y nos vimos obligados a reprimir nuestras emociones, no sólo hemos conservado la huella de los sentimientos directamente vinculados a las frustraciones, humillaciones e injusticias sufridas, sino que también nos sentimos resentidos por no haber podido decir nada. Ese rencor, que la propia obligación de reprimirlo se ha encargado de alimentar día tras día, poco a poco se ha ido convirtiendo en auténtica rabia. Esta rabia, y hasta a veces ese odio hacia los padres, se nos queda dentro, dispuesta a surgir a la menor ocasión. Es tan poderosa que en psicoterapia no es raro que una persona diga: «Si me atreviera a dejar traslucir la cólera que siento contra mis padres, me parece que se morirían», o «Nunca más podría volver a hablarles, eso los mataría». Esas inquietudes, e incluso esos fantasmas, son directamente proporcionales a la intensidad de la cólera reprimida; para nosotros su furia es devastadora. Como es lógico, en la vida real las emociones que se liberan en la consulta del psicólogo no devastan nada. Y la persona se quita un peso de encima que sólo vale para entorpecer la relación que mantiene consigo misma. Pero desgraciadamente, cuando no se tiene la oportunidad de liberar ese odio en un contexto protector, corremos el peligro de dejar que caiga sobre otros que no nos han hecho nada, y que son demasiado dependientes para defenderse y menos poderosos que nuestros padres. ¡Nuestros hijos!

15
La fidelidad

Patricia viene a verme porque no consigue tratar a sus hijos con ternura. Le gustaría decirles cuánto los quiere, mimarlos... Está como bloqueada: «No controlo, me vuelvo dura, me exaspero por una pequeñez y los insulto. Estoy muy disgustada conmigo misma, pero no puedo hacer otra cosa. Cada día, cuando vuelvo, me imagino diciéndoles cuánto los quiero, me preparo, abro la puerta... Y no puedo evitar ver *ese* algo que está mal. La cartera tirada, los deberes por hacer, el pipí sobre la tapa del váter... Les grito y luego me lo reprocho. Es como si fuera incapaz de acercarme a ellos».

Hablamos de su infancia. Creció en un medio familiar «explosivo». Todos estaban siempre furiosos, hablaban a gritos y se insultaban. Este era el modo relacional instituido. Tan pronto como un miembro de la familia se comportaba con ternura, los demás se burlaban de él.

Al recordar esas imágenes de su pasado, Patricia comprende por qué le cuesta tanto ser tierna o afectuosa. Su historia le viene a la memoria con toda su crudeza. Hasta entonces había aceptado a su familia tal como era. Lógicamente, había lamentado la falta de ternura y de relación íntima, pero nunca había cuestionado verdaderamente su modo de funcionar. Hasta entonces no había sido consciente de lo que había sufrido cuando era pequeña.

En la consulta volvió a contactar con emociones que llevaba reprimiendo desde hacía más de treinta años, y este hecho le causó mucho dolor. ¡Para ella la cólera era el pan de cada día! Podría decirse que no había conocido otra cosa. Había aprendido a no sentir ningún tipo de emoción: sólo cólera. En su casa, el amor no se podía expresar, estaba prohibido y era motivo de burla. La cólera era el único sentimiento que estaba permitido.

Dar rienda suelta a la cólera equivalía a mostrar la pertenencia al grupo familiar. Dar muestras de ternura significaba formar parte de los demás, de los don nadie, los de fuera, los cursis y los excesivamente tiernos; en resumen: de aquellos de los que todo el mundo se burlaba.

No sólo Patricia no había aprendido a decir palabras cariñosas, sino que se le había prohibido hacerlo so pena de verse excluida de la familia. Pertenecía a una «familia furiosa», y reproducía ese mismo esquema por fidelidad al lenguaje familiar.

Las fidelidades inconscientes pueden hacernos adoptar todo tipo de comportamientos, que, por desgracia, a menudo son destructivos. Demostramos una gran fidelidad hacia aquellas actitudes que esconden heridas; unas heridas que esperan ser curadas.

Un niño puede fracasar en la escuela para ser fiel a la tradición familiar, y más tarde ir acumulando fracasos tanto profesionales como amorosos, para acabar divorciándose como papá...

PARTE III

Cuestión de edades

En la familia siempre está pasando algo... Según la edad que tengan, las necesidades de nuestros hijos serán diferentes. Y según sea nuestra historia, responderemos con más o menos libertad interior a esas necesidades específicas.

Ciertas etapas de la vida, como el nacimiento, la primera infancia o la adolescencia, están particularmente expuestas a los traumas y a la reactivación de nuestro pasado. En este capítulo vamos a recorrer dichas etapas a grandes rasgos: del feto hasta que el hijo se va de casa. Sólo nos concentraremos en las necesidades de los hijos cuando estén relacionadas con las dificultades que podemos llegar a tener para satisfacerlas.

Aquí no encontrará fórmulas educativas milagrosas, sino preguntas y recursos para ayudarle a enfrentarse mejor a lo que pasa en su interior.

A todas las edades va bien hablar con otros padres. ¡Pero cuidado! No se trata de inscribir a nuestros hijos en una competición para verificar si son mejores o peores, sino de comprobar que nuestro adorado «tirano» no es el único de su especie. Muchos de los comportamientos que a los padres les cuesta aceptar porque no los entienden, o porque no están preparados para entenderlos, son sencillamente actitudes propias de la edad. Aunque no todos los hijos reaccionen de la misma manera y cada uno tenga su ritmo, su historia y sus propias necesidades, le resultará útil recordar que la inmensa mayoría de los adolescentes se levantan tarde y que no hay nada que les guste. Que usted no vive con la única chica de trece años que deja tirado su tazón sucio en el salón. Que muchos pequeños de veinte meses también cogen unas rabietas tan terribles como las de su hijo... Hablar con otras personas nos permitirá valorar que nuestra actitud educativa no es la única posible y, además, puede ayudarnos a reflexionar.

1

¡El feto es un ser vivo!

El feto es una persona. Las técnicas científicas nos han desvelado su intimidad. Fascinados, hemos descubierto que, lejos de ser un simple montón de células en desarrollo, el feto tiene unas habilidades insospechadas. Tiene una vida propia. En el vientre de la madre, se chupa el pulgar, se acaricia la nariz, se toca el pene, y explora lo que está a su alrededor con las manos, los brazos, las piernas y los pies... Ve. Oye. ¡Y hasta es capaz de relacionarse!

Hasta ahora el embarazo transcurría en medio de un cierto silencio relacional. Y aunque muchas madres se ponían —y todavía se ponen— espontáneamente la mano sobre el vientre, la haptonomía —ciencia de la palpación elaborada por Franz Veldman— ha constituido una revelación. A merced de los prejuicios y de nuestras propias representaciones, nos habíamos olvidado de la palpación afectiva; es decir, la que se prolonga en el otro y permite crear una verdadera relación. Veldman nos enseña a tocar de una manera afectiva; de hecho, a tocar con el corazón y no sólo con las manos. Los padres ponen las manos encima del vientre para entrar en relación con el bebé. Inmediatamente, éste responde. ¡Qué emocionante es para los padres! ¡El bebé los oye y los siente! Se mueve, se vuelve, va hacia un lado y luego hacia el otro; sigue las sugerencias de sus padres. ¡Ahora empieza un juego! ¡Él es el que invita a sus padres a que le sigan! Es tan capaz de comunicarse que para hacerlo no necesita «hablar». Ya sabe expresar si quiere que le mezan o prefiere estar tranquilo. Ya es capaz de decir lo que le conviene, o no. A los cuatro meses, el feto ya es una persona. Es una experiencia muy conmovedora, especialmente para el padre, ya que quizá a él le cueste más aceptar que ese pequeño ser exista verdaderamente.

«Tengo la impresión de que escucha.» Y aunque eso era algo que muchas madres intuían, la ciencia lo ha demostrado. Cuando una mamá le habla a su feto, el ritmo cardiaco de este último se modifica, pero cuando le habla a otra persona, no reacciona. Así pues, el feto percibe que se dirige a él. Françoise Dolto fue la primera en mostrar lo útil que resulta hablar a ese ser que la madre lleva en su seno, y no sólo de cosas felices y maravillosas, sino también de heridas y dolores, de duelos y miedos, de rabias y desesperaciones.

La tranquilidad del embarazo puede verse perturbada por acontecimientos de todas clases. Uno de los padres puede perder a un ser querido, quedarse sin trabajo, o ser víctima de una separación, un accidente, un robo, un traumatismo, etc. A pesar de los mensajes químicos que recibe a través del cordón umbilical, para que el feto vuelva a sentirse seguro, hay que explicarle lo que sucede. ¿Es un hijo no deseado? ¿Es fruto de un accidente? ¿Tiene miedo? ¿Teme no estar preparado? Háblele también de sus frustraciones, de su ira, de sus miedos... Es inútil disimular, él está dentro de usted, en su seno. ¡Aunque la placenta haga de filtro, las hormonas liberadas por sus emociones se hallan presentes en la sangre que usted le transmite, y al feto le afectan!

Quizá el hecho de manifestarle con palabras lo que siente pueda parecer vano, dado que el cerebro del feto todavía no es capaz de interpretarlo. Pero el bebé capta la intención, y se da cuenta de si su madre está tensa o relajada. A partir del momento en que el niño percibe que usted acepta sus emociones sin miedo, que no la trastornan, que usted sabe a qué se deben y que puede expresarlas..., él también dejará de tener miedo. Ya no necesitará desarrollar síntomas para que los demás se den cuenta de que sufre. Hay muchas posibilidades de que se muestre más estable, más tranquilo y más fácil.

Por otro lado, ha de tener presente que no sólo habla con su bebé, sino que, cuando le cuenta lo que le preocupa, también se está dirigiendo a sí misma. Reprimir esta comunicación la invita a encerrarse en sí misma y coarta la libre circulación del amor. Al verbalizar sus emociones, les está impidiendo que puedan alejarla afectivamente de su hijo.

«Estoy triste, pequeñín mío, mi padre ha muerto. Tú no tienes la culpa de mi tristeza. El hecho de sentirte en mi vientre me hace muy feliz. No sabes lo contenta que me pongo cuando pienso en que pronto llegarás. Me siento frustrada porque mi padre no haya podido conocerte. Lloro porque me habría gustado presentártelo.»

En sí mismas, las emociones no son desestabilizadoras, pero sí nos desestabilizamos cuando las reprimimos o exteriorizamos anárquicamente. La mayoría de las veces, no sabemos con exactitud por qué nos sentimos mal, o creemos saberlo y nos negamos a analizar nuestros sentimientos... Posiblemente, por temor a descubrir que, en realidad, sufrimos por otra cosa.

No obstante, el hecho de que le hable a su feto, a su bebé, o a su hijito, evidentemente no le evita consultar con el psicoterapeuta. No se trata de que descargue su dolor sobre esa vida que empieza, sino de que le hable para compartir las cosas con él, para explicarle lo que pasa, y para aclarárselas a fin de que las vaya entendiendo poco a poco, una después de otra. Hablar permite expresar nuestra ambivalencia. Lo queremos, pero al mismo tiempo cambia nuestra vida y nos molesta. Estamos contentos de que esté ahí, pero a veces preferiríamos que no estuviera... *a veces*... Cuando no nos atrevemos a hablar, nos olvidamos de ese *a veces*..., y entonces el *a veces* se hincha, cada vez es más grande y acaba por convertirse en *siempre*. Cuando la ambivalencia no puede ser expresada, lo más seguro es que su lugar lo acabe ocupando el sufrimiento.

«Me come, me fagocita, llevo en mi vientre a un monstruo que me está devorando.» A veces una madre puede tener la impresión de que el pequeño ser que crece en su interior se la está comiendo. Esta clase de pensamientos puede dar lugar a fantasías muy terroríficas, como «¡Me está devorando!» Naturalmente, el feto no devora a su madre, aunque se alimente a través de ella y aun en el caso de que se le dé la prioridad si los alimentos escasean. Pero una madre cuyo sentimiento de identidad no es demasiado sólido, una madre cuya seguridad interior es inestable, que no se sintió bien recibida en el seno de su propia madre, o que tiene dificultades para encontrarse a sí misma y para expresar su potencial, puede proyectar sus fantasmas más agresivos sobre la vida que se está desarrollando dentro de sí. Para ella el feto es un cuerpo extraño. Y en parte es así, ya que el feto no es asimilable al cuerpo de la madre porque tiene su propio código genético... Así pues, es un cuerpo extraño que crece dentro de ella, como el cáncer, porque para algunos eso es lo que es: un cáncer. Algo que se desarrolla de una manera indeseable. Y eso puede pasar aunque la mujer haya querido concebir a ese niño. Algunas llevan muy mal el hecho de estar embarazadas. Por un lado, se sienten felices ante la idea de tener un hijo; pero por otro, están aterrorizadas por causa de eso que crece en su interior y que escapa de su control. Las causas pueden ser múltiples. Esa fantasía era bastante común hace más o menos treinta años, cuando, para la madre, el nacimiento de un hijo a menudo equivalía a permanecer encerrada en casa, a perder su libertad, e incluso a veces pasar al estatus de madre y despedirse del de amante... Y todavía sigue viva cuando se trata de una mujer humillada y desvalorizada y/o que no ha conseguido realizarse. Al no conseguir expresar su potencial, reprime su agresividad —en el sentido positivo del término, el de ir hacia—, y, en vez de dirigirla contra sí misma, la proyecta sobre el feto. De una manera inconsciente, la progresión del proceso es más o menos la siguiente: «No quiero aceptar que estoy furiosa, yo no estoy furiosa, mi hijo es el que está furioso, el monstruo es él, no yo, y ese monstruo me está devorando».

No es fácil querer a un bebé en estas condiciones. Si la futura mamá logra darse cuenta de su ambivalencia, de sus fantasmas y consigue controlar sus proyecciones, estará en condiciones de recibir a su hijo. Si no, después de que el bebé nazca, inconscientemente tenderá a seguir considerando que el pequeño pide demasiado, que exagera, que se la está comiendo viva y que no le deja vivir tal como ella habría querido. Probablemente, de un modo inconsciente esa madre siempre seguirá manteniendo a su hijo a distancia. Insistirá en que hay que marcarlo, ponerle límites o dominarlo..., todo menos escucharlo, permitir que se exprese o mimarlo.

2

El parto, una experiencia límite

Cuando las mujeres hablan de las dificultades que tienen para querer a sus hijos, a menudo recuerdan el parto. El nacimiento es una experiencia fabulosa. Es el primer encuentro entre los padres y su bebé. La mayoría de las veces, es un momento de intensa felicidad, pero puede suceder que, además, hagan acto de presencia otras emociones no tan positivas. Es un nacimiento, pero también es un parto, con todo el trauma que conlleva. Dolor, cesárea, fórceps... Con frecuencia, el acto de dar a luz no se parece casi nada a aquello con lo que los padres habían soñado.

Además de la felicidad, en esos momentos tan delicados la madre puede sentir toda clase de emociones. No es raro que se vea invadida por un desamparo indecible, por un sentimiento de frustración, e incluso por sentimientos de miedo y de ira, que la pillan desprevenida y la hacen sentirse inestable. En efecto, en ese momento tan especial, la memoria inconsciente de su propio nacimiento se activa. Sobre todo si éste fue difícil. Además, si se da la circunstancia de que la madre fue violada, aunque de ello ya haga mucho tiempo, el aflujo de sangre y de estímulos en la vagina puede despertar el recuerdo del abuso sufrido. Las imágenes pueden mantenerse inconscientes, pero la vagina se contrae, complicando el trabajo. Una parturienta debería poder gritar y llorar, debería tener la libertad de decir que no todo es de color de rosa, que tiene miedo, que lo lleva mal y que está furiosa. Tendría que contar con la compañía de otras personas a la hora de liberar las emociones que van surgiendo en su interior, ya que, si no, puede sentirse tan desbordada por ellas, que, cuando llegue el momento, no estará debidamente preparada para recibir a su bebé.

Marie tuvo un parto muy difícil, doloroso y angustioso. Su marido estaba ausente. La comadrona fue muy dura con ella, llegando casi a rozar el límite de la humillación. Marie no se atrevió a decir nada. Cuando le enseñaron a su pequeña... se puso contenta, claro está, pero... No le salía de adentro cogerla en brazos. Aquella niña hacía que se sintiera extraña, distante... Una distancia que no era más que la que ella mantenía respecto a sí misma. Marie se creía obligada a contener las emociones que afluían en su interior: prohibido derrumbarse. Prohibido sentir. Prohibido llorar... Empleaba casi toda sus energías en reprimirse, y había poco espacio para que el amor se pudiera desarrollar adecuadamente. No pudo, no se atrevió a echarse a llorar delante de su bebé. Abrazó y acarició a su hija, pero no le abrió su corazón. Fingió durante años, aunque, como es lógico, se dedicó a ella por completo. Por nada en el mundo habría querido que le pasara algo, pero nunca consiguió sentir dentro de su pecho esa sensación dulcemente dolorosa que dice «te quiero». Marie apenas se atreve a confesárselo a sí misma, pero no deja de sorprenderse cuando ve que es mucho más severa y dura con su hija de lo que hubiera deseado. No le deja pasar ni una. No logra sentirse vinculada a su hija y más o menos conscientemente la culpa por ello...

¿La culpa de lo que pasa la tiene Marie? ¿Tenemos derecho a meternos con ella tratándola de mala madre? ¿Acaso no posee madera de madre? No. La represión de sus emociones le impidió querer a su niña. ¿Cómo puede sentir amor por ella si sigue estando prisionera de otras emociones, y se siente furiosa, frustrada y aterrada? ¿Cómo puede dejar que el amor crezca en su interior si se siente juzgada por su marido, por el médico o por la enfermera?

Dominique dio a luz a una niña muy guapa. El padre estaba furibundo. Esperaba un chico. Criticó duramente a su mujer ya antes de dejar la clínica en un acceso de rabia impotente. A pesar de sentirse muy humillada, Dominique no conseguía enfadarse con su marido. Era tan débil y lo necesitaba tanto, que se sentía culpable de haber dado a luz a una niña. Tuvo problemas para querer al bebé que la alejaba de su marido. Más aún cuando esa historia venía a reavivar su pasado. A ella no le pusieron un nombre mixto por mera casualidad. Sus padres se sintieron muy decepcionados cuando vieron que era una niña. Dominique acarició, besó, cambió, llevó y alimentó a su hija. Hizo todo cuanto estaba en sus manos para ser una buena madre, pero algo se había roto en su interior, y ese algo le impedía experimentar la emoción que produce el amor.

Cuando el parto no se desarrolla como ella había previsto, la madre puede volverse inconscientemente contra su hijo: «Me has privado de la felicidad de tener un parto normal, me has hecho daño, me has alejado de mi marido, me has herido...» Naturalmente, nada de todo eso es verdad, y la madre sabe perfectamente que el bebé no tiene la culpa, ni es responsable de nada. Y entonces se calla y rechaza los malos pensamientos que la asaltan... Pero, a la chita callando, entre ella y su hijo se va abriendo una pequeña distancia. La cólera es un movimiento. Dejar que dicho movimiento se exprese libremente favorece que acabe agotándose, mientras que si lo paramos, seguiremos estando en tensión, lo llevaremos con nosotros durante años y le concederemos el poder de apartarnos del amor.

Es indudable que, por sí solo, un parto armonioso, rápido y fácil no garantiza que haya amor, pero los procesos naturales del afecto se desarrollan con más facilidad. En cambio, cuando el parto es difícil, aunque la madre siga queriendo a su hijo..., las cosas se complican. Cuando el parto es agotador, la mujer necesita sentirse acompañada y apoyada. Necesita espacio, sentirse segura para poder acceder a sus emociones, y necesita poder llorar y gritar sin que nadie la juzgue. Necesita contacto físico para reconstruirse. Para liberar las tensiones emocionales basta con unos pocos minutos. Si el espacio no es adecuado para esos pocos minutos, el organismo no libera su tensión. El cerebro se bloquea... Y la relación entre la madre y el niño puede seguir dañada durante muchos años. ¡Dejemos de tener miedo a llorar!

¿Y los padres? Ellos también viven una aventura sagrada, y el modo como se desarrollan los acontecimientos también influye en su afecto hacia el recién nacido. Además de su deseo personal de implicación, tanto la actitud de su mujer como los acontecimientos van a desempeñar un papel muy importante. Algunos padres se ven apartados por la madre: «La maternidad es cosa mía, no quiero verte en el parto, ni que le pongas los pañales...» Tienen suerte si pueden llegar a coger al bebé en brazos. Eso fue lo que le sucedió a Philippe. Durante el parto, pero también durante las primeras semanas, su mujer, Lucille, y su madre hicieron frente común para ocuparse del recién nacido. Philippe se sintió excluido del mundo de las mujeres. Se dijo que era normal, que ya se ocuparía de su hijo cuando fuera un poco mayor...

Paradójicamente, François reconoce que el hecho de que a su mujer le hicieran la cesárea y después enfermara de septicemia, para él fue algo bueno. Si su esposa hubiera sido capaz de ocuparse del bebé, la habría dejado hacer. Jamás se habría implicado tanto. Pero las circunstancias lo obligaron a ocupar su lugar. Su mujer ni tan siquiera podía levantarse de la cama para coger al recién nacido cuando estaba en la cuna. François tejió un vínculo privilegiado con su hija desde su nacimiento. Su relación con ella no habría tenido la misma calidad si no se hubiera visto sido forzado a ocuparse de su pequeña.

Siempre se está a tiempo de reducir la distancia que nos separa de nuestros hijos, de restaurar la intimidad por medio de una comunicación auténtica; primero, con uno mismo, y luego, con el bebé.

3

Esos primeros instantes que propician el vínculo con el bebé

El vínculo con el bebé primero es fisiológico y luego psicológico. La madre reconoce el olor del cuerpo de su pequeño a partir del segundo día, y dicho olor es una manifestación del vínculo que se está creando entre ambos. Diversos experimentos* han mostrado que, cuando la madre se mantiene en contacto con su bebé apoyado sobre su vientre durante treinta minutos después del nacimiento, sus competencias en términos de reconocimiento de sus gritos y olores mejoran mucho. Si el bebé sólo permanece durante cinco minutos sobre el vientre —una situación que, por desgracia, es demasiado frecuente— las competencias alcanzan su nivel normal al tercer día. Cuando al bebé no se le coloca nunca sobre el vientre de su madre, aunque no esté todo perdido, hará falta que pasen cinco días hasta que la madre alcance a sus compañeras en términos de competencias en cuanto a reconocer a su pequeño. Muchas mamás hunden literalmente la nariz en el olor de su bebé, y aspiran el olor que desprende el cráneo de los más mayorcitos.

Cuando no hay contacto corporal, el vínculo entre la madre y el hijo se elabora con más dificultad. Un nivel de afecto pobre está correlacionado con un mayor riesgo de maltrato al bebé, de

* Serge Ciccotti, *100 petites expériences de psychologie pour mieux comprendre votre bébé*, Dunod.

lo que se deduce que no se debería separar a las madres de sus bebés, ni a éstos de ellas. Sin embargo, en demasiadas maternidades, la madre se ve obligada a ponerse seria para conseguir que le dejen tener a su pequeño junto a ella, sobre todo la primera noche. El personal insiste: «¡Es para que usted pueda descansar!» Pero a mí no me parece que sea muy descansado pasarse toda la noche nerviosa pensando en cómo estará el recién nacido. Salvo si ya han perdido la autoestima y mantienen sus emociones reprimidas, pocas mujeres pueden descansar pensando en su hijo recién nacido, y sin mantener ninguna clase de contacto sensorial con él, durante toda una noche —¡sobre todo la primera noche!—, que para ellas es como una eternidad. Y en caso de que a la madre le parezca más cómodo vivir unas horas más como si no hubiera tenido un niño, no es obligatorio ayudarla. Sería preferible colaborar con ella en la tarea de tejer la relación con su bebé.

Ciertos científicos* han demostrado que entre el cuarto y el séptimo día después del nacimiento, tres de cada cuatro mujeres experimentan un descenso de sus capacidades para reconocer el olor de su hijo recién nacido. Esta fecha coincide también con el comienzo del «baby blues».** ¿Ambas cosas estarán relacionadas? Las madres ya no reconocen ni el olor, ni los gritos de su bebé. Están angustiadas, les da miedo no saber cómo actuar, y creen que no van a poder con todo... ¡Y sin embargo, en ese preciso momento abandonan el hospital, y de repente pasan a estar solas

---

* *Ibid.*

** Algunos investigadores consideran que entre un 50 y un 80% de las nuevas madres sienten los síntomas del «baby blues». Este estado de depresión sólo dura, por término medio, de dos a tres días y desaparece de modo espontáneo. Los síntomas principales son los trastornos del sueño (insomnio), trastornos del apetito (anorexia), crisis de llanto, cambio de humor, irritabilidad, pérdidas de memoria, dificultades para concentrarse, sentimientos de incompetencia y culpabilidad y cansancio. La depresión posparto, que afecta a una mujer de cada seis, es una enfermedad más severa que el «baby blues».

en casa con su pequeño, una criatura que para ellas es un extraño! Todo el mundo les dice: «No te preocupes. ¡Ya verás, todo irá bien, cuando llegue el momento sabrás perfectamente qué hay que hacer!»

Nadie les ha dicho que es natural que sus sensaciones se vean modificadas durante ese período. Si la seguridad interior global de la mujer es sólida y vive en un entorno correcto, superará ese trance sin demasiadas complicaciones. Pero si carece de seguridad y de confianza en sí misma, y si, por otro lado, no tiene a nadie que la apoye y/o ha dejado atrás una historia personal dolorosa, puede llegar a pensar que no vale nada. Al constatar su incapacidad, se juzgará, se culpabilizará... y correrá el riesgo de acabar echándole las culpas a su bebé por los malos momentos que está viviendo. Atribuir a otro la causa de nuestros sufrimientos es un fenómeno bastante corriente. Ya hemos hablado de él anteriormente, cuando hemos tratado el tema de la proyección. Yo no soy el que tengo dificultades para comprender a mi hijo, sino que el que es «difícil» es él. Ciertas mujeres proyectan toda su responsabilidad sobre el bebé y construyen una imagen negativa de su hijo, una imagen que tienen que mantener cueste lo que cueste por miedo a que su sentimiento de culpabilidad vuelva a aparecer. Otras están a medio camino entre el sentimiento de culpabilidad, la autodesvalorización y la atribución del problema al otro. Es importante comprender que, por una parte, se trata de un mecanismo inconsciente —evidentemente, las mujeres no proyectan nada sobre sus hijos de un modo consciente—, y que, por otra, el hecho de no conseguir quererlos las hace sufrir. Esta dinámica inconsciente las encierra en un círculo vicioso cuya salida no logran encontrar.

Es urgente dejar que las madres jóvenes puedan hablar también de sus dificultades para amar, de sus inquietudes y de su angustia. Intentar, como se hace con demasiada frecuencia, tranquilizarlas en lo referente a sus competencias, con frases del estilo de «No te preocupes tanto. Eres una buena madre» no sólo no las alivia, sino que las invita a callarse, a guardarse las cosas y, en consecuencia, su angustia se vuelve contra sí mismas. Nuestros intentos de tranquilizarlas sólo sirven para aumentar su inseguridad y para hacerlas sentir más culpables. Mientras que si las escuchamos con respeto cuando hablan de sus emociones, las estaremos ayudando a recuperar el contacto consigo mismas y, en consecuencia, con su pequeño.

4

Palabras que impiden la lactancia

Béatrice deseaba amamantar a su hijo, pero su marido le espetó: «¿Si no sabes ni coger a un bebé, cómo crees que podrás ocuparte de él?» En aquellos momentos, débil aún por el parto, dejó que las palabras de su marido hicieran mella en ella y su confianza en su capacidad materna se esfumó. La leche no le subió, lo que vino a confirmar las palabras de su marido. Sin embargo, como es bien conocido que la subida de la leche depende del estado emocional de la madre, es bien fácil medir el impacto de estas palabras tan infames. En lo sucesivo, entre Béatrice y su bebé siempre se interpondrían las frases «No sé ni coger a mi hijo» / «No sé ocuparme de él».

¿Y el bebé, qué sintió?, pues seguramente mucha inseguridad. Debió de percibir que su madre era «fría». Sin embargo, eso no era lo que ella quería, ya que le habría gustado estar más cerca de su pequeño, pero la herida recibida la llevó a distanciarse de él. Por desgracia, nadie se sentó junto a ella para decirle: «Llora cuanto quieras y relájate... Después, ponte al bebé en el pecho mientras le hablas con dulzura, y ya verás cómo te sube la leche». No contó con nadie para que le diera un masaje con las manos a fin de ayudarla a relajarse para propiciar la subida de la leche.

Cécile nos cuenta: «El día en que di a luz, mi madre, al oír los lloros de su primer nieto, que tanto nos trastornaban a ambas, me dijo: "Eres como yo, no tendrás leche". Eso es lo que le habían dicho a ella cuando yo nací mientras le vendaban los senos para obstaculizar la subida de la leche. En 1960, la moda, apoyada por la ciencia, se decantaba por el biberón. La ignorancia tiene unas consecuencias muy dañinas, porque a ella le habría gustado, y habría podido, dar el pecho.* Afortunadamente, Cécile entró en contacto con la *Leche League,*** una asociación de mujeres que supo escucharla, informarla y apoyarla durante la lactancia. No se puede menospreciar el peso de las palabras. La frase de su madre sonó como una maldición. Pero ¿quién era ella para atreverse a cuestionar sus palabras?

Cuando una mujer que acaba de ser madre tiene miedo de no estar a la altura, cuando se siente mal, humillada y deprimida, cuando hay algo dentro de ella que la aleja de su bebé, el niño se da cuenta. Da igual que esté tensa por cuestiones de su vida personal, o que esté preocupada por temas ajenos a ella (disturbios sociales, guerras, etc.), el lactante siempre notará que su madre no está por él. No encuentra la manera de penetrar en su corazón, ni de construirse su propia seguridad interior. ¡Es como si la puerta del corazón de su madre estuviera cerrada! Y como las lágrimas son el instrumento que la naturaleza le ha dado para restaurar el vínculo que le une a su madre, ¡llora! Se pega a su madre, se hace dependiente de ella, y necesita que continuamente le dé seguridad. Agotada, la madre se ve obligada a dar aún más. Cada vez que el bebé llora, sus sentimientos de impotencia se reactivan. Cada vez se ve a sí misma más inútil, más incapaz y más mala madre. Sin embargo, para solucionar sus problemas, tan sólo necesita expresar la rabia provocada por las palabras que tanto daño le hicieron, y tener la fuerza suficiente para rebelarse contra las imprecaciones y el desprecio de que fue objeto.

Hay palabras que también hieren a los hombres. Las pequeñas

---

* *L'enfant et la vie*, www.lenfantetlavie.fr

** *Leche League Internationale*, LLL.

frases críticas o vejatorias que les llegan de sus mujeres tienen un impacto mucho mayor del que éstas se atreven a reconocer.

—¡Ten cuidado, lo estás cogiendo mal!

—Nunca sabrás preparar correctamente un biberón.

—No, así no...

Cuando *ella* siempre tiene algo que decir sobre lo que *él* hace y cómo lo hace, el hombre se ve a sí mismo como un inútil. Abdica en favor de la «profesional», en detrimento de su relación con su hijo. No obstante, a su mujer le faltará el tiempo para criticarlo por su «deserción», sin querer reconocer que, una parte de la responsabilidad en este asunto, le corresponde a ella.

5

Las lágrimas del lactante

«¡No llores!»

¡Qué padre no ha pronunciado alguna vez estas palabras! Y sin embargo, ¿por qué ese bebé no tiene derecho a llorar? Las lágrimas de nuestros pequeños nos llegan a lo más hondo. Nos trastornan de tal manera, que enseguida hacemos cuanto está en nuestras manos para acallarlas. Que las interpretemos como caprichos o como la expresión de un sufrimiento intolerable, el efecto sigue siendo el mismo: nos resultan insoportables.

Un estudio científico franco-italiano ha mostrado que el amor actuaba como un opiáceo.* Los opiáceos alivian el dolor. Las crías de ratón privadas del gen sensible a los opiáceos tienen graves dificultades para crear vínculos con sus madres. En especial, los investigadores han observado que, cuando se las separaba de sus madres, las crías lloraban mucho menos. Las lágrimas son como un grito de auxilio por parte del bebé y resultan esenciales para la formación del vínculo entre la madre y el hijo.

¡Las lágrimas son esenciales para la supervivencia! Forman parte de la actitud de apego que mantiene la proximidad entre la madre y su hijo, explica Francesca d'Amato, investigadora del Instituto de Neurociencia del CNR, de Roma. Según dice en sus trabajos, los componentes químicos que regulan el dolor físico

---

* *Bulletin Électronique Italie*, n.º 25, 6 de septiembre de 2004, redactado por la Embajada de Francia en Italia.

son también los que controlan el sufrimiento psicológico causado por la carencia y la separación.

Cuando un bebé ha mamado, está limpio, no tiene ni demasiado calor ni demasiado frío, y aun así llora en la cuna, ciertos padres creen que grita en un intento de controlarlos y manipularlos. «¡Quiere que lo coja en brazos!», dicen, como si eso fuera una cosa rara. ¡Claro que quiere que lo cojan! ¡Es algo fisiológico! Biológicamente está inscrito en sus genes; cuando lo separan de su madre, llora para llamarla y para que no lo abandone; es decir, llora para sobrevivir.

Un experimento* realizado durante los cuarenta y cinco minutos posteriores al nacimiento ha medido la intensidad del llanto del bebé en tres situaciones: si le colocaron y permaneció todo el tiempo sobre el vientre de la madre, si primero lo acostaron en una cuna y luego lo pusieron sobre el vientre de la madre, y, por último, si se le mantuvo acostado en la cuna durante los cuarenta y cinco minutos del experimento. Los resultados son claros: cuando un niño está sobre el vientre de su madre, no llora. Cuando primero se le acuesta en una cuna y luego sobre el vientre de su madre, llora mientras está en la cuna y deja de hacerlo en cuanto entra en contacto con la piel de la madre. ¡Y en la última situación, llora durante treinta minutos de los cuarenta y cinco!

En muchas sociedades a los niños no se les permite llorar. A menudo, las mujeres de otras etnias se asustan al ver cómo tratamos a nuestros pequeños en Europa. Ellas siempre llevan a sus bebés a la espalda o sobre la cadera. La tarea de llevar a los niños recae en la madre, en una tía, en un hermano o en una hermana.

«Hay que dejarlo llorar un poco, no es bueno cogerlo enseguida», dicen algunos. Pero ¿es realmente así? ¿Qué dice la ciencia? Los resultados son claros: si la madre responde dentro de

* Busnel, Marie-Claire, y Herbinet, Étienne, *L'aube des sens*, Stock.

los noventa segundos a partir de que el bebé empieza a llorar, se calmará en cinco segundos. Si pasan más de tres minutos, el bebé tarda cincuenta segundos en calmarse. Cuando se multiplica por dos el tiempo que se tarda en intervenir, la duración del llanto se multiplica por diez.

Cuanto más espere la madre para intervenir, más difícil le resultará ayudar a su pequeño a reorganizar sus emociones. El llanto de los bebés resulta muy agotador para las mamás, por lo que quizá convendría cambiar de creencias e incitar a las madres a que vayan en auxilio de sus niños lo más deprisa posible.

Si bien es importante responder al llanto que implica algún tipo de demanda, hay otras clase de lágrimas que no sólo es necesario calmar, sino que, además, es necesario entender: las que el niño vierte para desahogarse. De la misma manera que nosotros, los adultos, lloramos para sacar fuera lo que nos hace sufrir y una vez hecho nos sentimos mejor y más aliviados, a veces los niños pequeños lloran para desembarazarse de una emoción determinada que llevan dentro y que les provoca tensión. Ellos también se quitan ese peso de encima a través de las lágrimas.

¿Acaso los padres pueden comprender el sentido de las lágrimas de su bebé cuando llora porque su nacimiento fue difícil? ¿Cuando llora porque lo dejaron al cargo de una cuidadora? ¿Cuando llora porque sus padres se han peleado? ¿Cuando llora a su hermano gemelo desaparecido durante la gestación?

Comprender las lágrimas es difícil. Los padres se sienten sin recursos e impotentes. Lo único que pueden hacer —y ello no quita que sea tremendamente importante— es permanecer junto al bebé, estables, sólidos y cariñosos, dándole la oportunidad de liberar sus miedos y su rabia.

—Llora, pequeño mío, llora. Estoy aquí. Explícame lo que te pasa aunque sea duro. Háblame de lo que te da miedo y te hace enfadar. ¡Llora, cariño mío!

No es fácil tener esta serenidad si no tuvimos a nadie que escuchara nuestras propias lágrimas cuando éramos pequeños. Los gritos de nuestro bebé nos hacen acordarnos de los nuestros y de la desesperación que sentíamos en aquellos momentos. Y entonces proyectamos sobre nuestro hijo nuestras propias heridas, e interpretamos sus gritos como la expresión de una desesperación absoluta (la nuestra). Las vivencias de nuestro bebé no siempre son la causa de nuestra conmoción, pero a veces sus gritos y lágrimas nos resultan tan intolerables que tenemos que pararlos cuanto antes mejor... Nos hacemos la ilusión de que así lo estamos ayudando a que no sufra más..., pero en realidad estamos haciendo todo lo contrario. Es nuestro propio sufrimiento el que nos negamos a oír.

Muchas veces el llanto de los bebés actúa como un magnífico detonador de la violencia. «¿Es que nunca vas a callarte?», y en ocasiones los padres acaban zarandeando y maltratando al bebé... Pero no son unos «malos padres» que maltratan a su hijo por placer, sino que actúan movidos por un impulso irreprimible que tan sólo pretende acabar con los gritos, tanto con los exteriores como los internos. Una vez inmersos en esta dinámica, los padres se sienten culpables, y, si no se atreven a llorar su propio desamparo, la relación con su hijo puede resultar muy dañada durante muchos años.

Saber encajar correctamente las descargas emocionales de un bebé no es fácil. Todos los padres necesitan apoyo para lograrlo, y también, cuando les resulta demasiado doloroso, revisar su propio pasado.

6

Dormir como un bebé...

El 80 % de las consultas de pediatría conciernen a los problemas de sueño que afectan a los niños de entre 0 y 3 años. Sin embargo, muchos pediatras continúan diciendo que un bebé normal duerme de un tirón a los tres meses. ¿Quién está equivocado...?

Comprendí enseguida de dónde procedía esa creencia cuando tuve mi primer hijo. Estupefacta ante la actitud acusadora de los pediatras a los que consultaba, hablé del tema con otras madres. A partir del cuarto mes, empiezan las insinuaciones. ¡Y al cabo de un cierto tiempo se vuelve fastidioso, e incluso insoportable, salir de la consulta del médico pensando que se es una madre inepta e incapaz, y que lo que pasa es que se tiene un problema de compenetración con el niño, o qué sé yo! Entonces, por temor a sentirse culpables por el hecho de reconocer que acuestan a su pequeño en su propia cama, o que éste todavía se despierta dos o tres veces por la noche, mienten como bellacas: «¡Duerme como un angelito, doctor!» Una vez, cometí el error de seguir los desacertados consejos de una supuesta psiquiatra infantil,* y dejé llorar a mi hija durante cuarenta minutos sin darle la toma de la noche. Todavía me arrepiento de haberlo hecho. Luego, delante del médico, hice como las otras mamás, ¡me callé! Pero como esos «expertos» habían conseguido introducir la duda en mi es-

* De psiquiatra sólo tenía el título.

píritu, fui a ver a una psicoanalista para hablar de los «problemas de sueño» diagnosticados por la psiquiatra. Afortunadamente entré en contacto con Etty Buzyn,* cuya única observación fue que mi hija hablaba muy bien y que se mostraba muy autónoma respecto a mí. Estudiaba al niño en su carácter global y en su realidad de hoy, y no con arreglo a libros escritos hace treinta años. «¿El sueño? ¡Coloque un colchón cerca de su cama!», me dijo. Y aunque yo ya lo había hecho, por fin podía hablar del tema con toda libertad.

¡Entre los pediatras que escriben, Terry Brazelton es uno de los pocos que se atreven a decirles a los padres que no podrán dormir de verdad hasta que su angelito no haya cumplido los tres años... Aunque para Jeanette Bouton, precisamente esa sea la época de las dificultades para conciliar el sueño y de las pesadillas...

Es un dato fisiológico; cada dos horas los niños recién nacidos pasan por una fase de sueño más ligero. En dicha fase exploran su entorno, y, si perciben que les falta el olor familiar, si no encuentran su objeto favorito, si su peluche no está en su sitio, si ya no sienten los límites tranquilizadores de su cuna porque se han movido, etc., entonces lo normal es que se despierten y lloren. A menudo basta con acariciarles la cabeza, o con ponerles suavemente la mano en la espalda, o con colocarles su juguete favorito en la mano, o con taparlos, si se han destapado, para que se restablezcan las condiciones necesarias de «intimidad-comodidad», que le hacen sentirse como en un «nido», pero a condición de que todo ello se haga sin hablar y sin encender la luz.

Aparentemente, los problemas de sueño sólo existen en el mundo occidental. De hecho, en el resto de culturas, las madres duermen con su pequeño y le dan el pecho, y cuando el niño se

---

* Psicoanalista de la escuela de Françoise Dolto, y autora de *Papa, mama, laissez-moi le temps de rêver* y de *Me débrouiller, oui mais pas tout seul*, Albin Michel.

mueve lo acarician casi sin llegar a despertarse. Una vez calmado, el bebé continúa durmiendo.

Dormir con el bebé no sólo es realmente reconfortante, sino también cómodo. Y además la naturaleza es muy sabia, ya que desde el principio del embarazo, el reloj interno de la madre se sincroniza con el del bebé, y su sueño se va armonizando poco a poco con el de su hijo. En el nacimiento (después de un embarazo normal, de nueve meses), los ciclos del sueño de la madre están sincronizados con los del bebé, y su cerebro produce cuatro horas de REM* para ocho horas de sueño. Esta gran cantidad de sueño se mantiene a lo largo de la lactancia. ¡Si la madre no le da el pecho, su sueño recupera su ritmo acostumbrado tres semanas después del parto! Pero si la prolactina disminuye, la madre ya no está fisiológicamente preparada para despertarse por la noche al ritmo de su bebé. ¿Qué ventaja tiene esta situación?, pues aparte de la de que el padre también puede levantarse, el que lo haga tiene un gran inconveniente, ya que ambos —el padre y la madre— pronto pasarán a estar agotados porque, como es lógico, el papá tampoco se beneficia de las ventajas que proporciona la prolactina. Y los padres agotados son más reactivos, y están menos atentos a las necesidades del bebé... Y el agotamiento físico favorece el desapego. No es que los padres no quieran amar a sus hijos..., sino que se distancian de ellos para protegerse. Las dificultades de sueño de los niños pequeños pueden ser causa de que sus padres se separen afectivamente de ellos. Y cuando el desapego se junta con la exasperación de los padres, y, además, si éstos no reciben apoyo psicológico, se corre el riesgo de que lleguen a maltratar a su hijo. Cuando el bebé duerme poco o mal, es muy efectivo multiplicar las caricias, los mimos, los masajes, los juegos, etc. La emoción del sentimiento de amor restablece el vínculo.

---

* *Rapid Eye Movements.* Los movimientos oculares rápidos que se producen mientras se duerme caracterizan las fases del sueño.

7

Un año

Cuando el bebé cumple su primer año ya es capaz de andar y de pronunciar sus primeras palabras. Para unos, es un momento de una gran felicidad, y, para otros, una fuente de inquietud. Cuando el niño camina se desplaza por sí mismo. Naturalmente, antes de hacerlo se arrastraba y ya tenía cierta autonomía, pero nunca llegaba demasiado lejos, sobre todo fuera del hogar. Caminar le abre un nuevo espacio. ¿De qué manera estos cambios afectan a los padres? Algunos se sientes aliviados ante ese principio de autonomía, pero a otros les entra el pánico: «Se va a caer». Estos padres instalan barreras y acondicionan el espacio, intentando que sea más seguro, pero también hay algunos que no pueden soportar la nueva situación e, inconscientemente, hacen todo lo posible para que sus hijos se avengan a seguir siendo pequeños.

Una pequeña muy gordita de dieciocho meses llora a lágrima viva en la plazoleta, pidiendo que la cojan en brazos. Su madre se niega a cogerla, y se queja: «¡Tiene dieciocho meses y se niega a andar, es una vaga integral! Sólo quiere ir en brazos. Pero yo no cedo. Y hasta a la chica que la cuida le hemos prohibido que la coja. Los niños no tienen por qué acostumbrarse a que los lleven en brazos. Desde bien pequeña he intentado cogerla lo menos posible».

Me quedé estupefacta. En apariencia, aquella madre deseaba que su hija fuera lo más autónoma posible; es decir, se negaba en redondo a ayudarla para que no se convirtiera en una niña pasiva, y, sin embargo, con su actitud eso era exactamente lo que hacía.

Los bebés que son llevados en brazos por sus padres tienen más oportunidades de perfeccionar su sentido del equilibrio. Mecidos por los movimientos del padre que los lleva, ejercitan su oído interno. Cuanto más se les lleva, antes andan. Es posible que aquella mamá no lo supiera, pero la diferencia entre sus expectativas y lo que había conseguido era tan grande que llamaba la atención. La madre le enviaba dos mensajes a su hija; el verbal: «Sé mayor y apáñatelas tú sola», y el inconsciente: «Me niego a darte nada, sigue dependiendo de mí».

Al negarse a llevar a su hija cuando ésta lo necesitaba y al no responder a sus llamadas, por una parte, la mantenía en un estado de dependencia, pero, además, podía humillarla, desvalorizarle y odiarla. Tenía una buena razón para actuar de ese modo, para ella su hija era un auténtico peso en ambos sentidos, el propio y el figurado. Como «no movía el culo» no era digna de que su madre se interesara por ella.

Como hemos visto, cuando el niño comienza a andar, los padres reaccionan ante lo que para nosotros no es más que un pequeño paso, pero para él constituye un paso de gigante hacia su autonomía.

8

De los dieciocho meses a los tres años

Los dieciocho meses son la edad de la oposición, de los *noes* sistemáticos, de las negativas... Es la edad en la que los niños empiezan a dar muestras de que tienen «carácter». Por lo menos eso es lo que dicen los padres que llevan mal que sus hijos se expresen. En efecto, ¿cómo aceptar esa actitud de permanente oposición, cuando a nosotros, a su misma edad, nos negaron el derecho a manifestarnos?

Antes de los dieciocho meses, el pequeño todavía es como una prolongación de los deseos de sus padres. Tiene poca autonomía y aunque sabe escupir cuando un sabor le desagrada y gritar cuando desea salir del cochecito, raramente se preocupa del color de su ropa, o de saber si desea dar de comer a los patos o volver a casa. Deja que sus padres elijan por él. A los dos años, el pequeño comienza a tomar conciencia de sí mismo, quiere hacer sus propias elecciones y pasar a ser una persona. Pero para lograrlo tiene que oponerse a su mamá. Para dejar de ser dependiente, tiene que pasar por la etapa de la contra-dependencia. Si no, nunca llegará a saber si se come el puré porque él es el que quiere hacerlo, o si tan sólo se lo come porque su mamá así lo desea. Un niño cuyas negativas nunca se respetan o a quien siempre se castiga —«¿Lo quieres ahora? ¡Pues mira por dónde, ahora no lo tendrás, así aprenderás a no llevarme la contraria!»— tendrá dificultades para ir sintiéndose cada vez más seguro acerca de qué es lo que realmente desea. Tenderá a acomodarse a lo que desea su madre. Y cuando a su vez sea padre, como de pequeño no pudo decir abiertamente cuáles eran sus preferencias, le costará mucho aceptar que su hijo lo haga.

Una madre (o un padre), a quien su pequeño le dice que «no» y se niega a comer, puede sentirse mal, muy mal, porque ello la lleva a deducir (por cierto, de una manera un tanto exagerada) que es una mala madre. Si come lo que le preparo, es porque es bueno. Por tanto, si lo que le preparo es bueno, es porque soy una buena madre. Si no se lo come, es porque no es bueno, y en consecuencia, soy una mala madre, ya que lo que cocino no es bueno. Por otra parte, a veces, para complicar aún más las cosas, y para confirmar lo que la mamá ya piensa de sí misma, el pequeño le dirá ¡que es «mala»!, y aunque este razonamiento no esté conscientemente elaborado, la inmensa mayoría de las madres no tienen demasiadas dificultades para aceptarlo. Mi hijo come = soy una buena madre. No come = soy mala. Para ellas, la asociación no puede estar más clara, como no quieren ser unas malas madres..., ¡es necesario que el bebé coma!

Otros padres no soportan no controlar la situación. Un control que ellos tampoco tuvieron cuando eran pequeños. Sus padres no los dejaron decir no y eligieron por ellos de manera autoritaria. Necesitan ejercer su poder sobre sus hijos para no sentirse presos de la angustia; es decir para no dejarse vencer por el peso de unas emociones que mantienen reprimidas desde la primera infancia: su cólera contra su propia madre, su humillación, su desesperación por no tener derecho a existir como persona, etc. Estos padres repiten el comportamiento de los suyos.

A los dos años es cuando se aprende a saber lo que uno quiere y a pedir cosas.

«Si continúas pidiéndolo, no te lo daré», le decía una madre a su hija. Las mismas palabras que ella había oído tantas veces. No obstante, esta madre siempre se había mostrado muy atenta a las necesidades de su pequeña desde el momento de su nacimiento, haciendo todo lo posible para que la niña adquiriera confianza en sí misma... A la pequeña Zoé le apetecía algo y lo decía con toda naturalidad..., porque su mamá le había dicho que hay que pedir las cosas... Entonces, ¿se puede pedir, pero no reclamar? ¿Qué hay que hacer para notar la diferencia? De hecho, parecía que dicha diferencia sólo existía a los ojos de su madre. Si estaba dispuesta a dar, consideraba que se trataba de una petición, pero si no lo estaba, decía que Zoé «reclamaba».

A los dos años también se suele ser egoísta. Como sabe que Morgane se niega a prestar su cubo en la plazoleta, en previsión de lo que pueda pasar, usted opta por coger dos cubos. Una vez instaladas en el arenal, cuando un pequeño se acerca a la niña, usted saca el segundo cubo para que pueda jugar con ella y de este modo no la obliga a que ella preste el suyo... Pero sus precauciones son inútiles: Morgane se precipita sobre el segundo cubo y lo aprieta entre sus brazos. ¡Con ambos cubos en las manos ya no puede jugar, pero no quiere soltar ninguno! «Es mi cubo.» ¿Cómo reaccionaba su propia madre en ocasiones parecidas? Si a usted la humillaron de pequeña, la forzaron a que prestara sus cosas y la trataron de egoísta, hay muchas posibilidades de que actúe del mismo modo con Morgane. Ahora bien, cuando tienen dos años todos los niños pasan por una fase de construcción del yo que necesita que nadie —ni siquiera usted— invada su territorio. El reto reside en ser capaz de identificar los perfiles de la propia identidad; es decir, de lo que soy y lo que no soy, de lo que es mío, ya se trate de mi territorio, de mi identidad, o de mí mismo...

Cuando los padres no comprenden el reto que encierra un determinado modo de comportarse de su hijo, tienden a juzgarlo.

¿Y cómo vamos a ser capaces de identificar dicho reto si cuando éramos pequeños nos forzaron a reprimirnos?

«¡Yo también quiero montar en la bicicleta!»

Sólo hay una bicicleta para los dos. Los pequeños aceptaron jugarse la bicicleta a piedra, papel o tijera..., e Iris perdió. Pero a sus tres años, aunque se había comprometido a aceptarlo, es incapaz de conformarse por haber perdido. Es natural que exprese su rabia. Nos gustaría que las cosas se desarrollaran sin golpes y sin lágrimas, y nos gustaría que se comportara como una «niña mayor»; es decir, como lo haría un adulto. Pero no. Iris sólo tiene tres años, y llora y vocifera.

Si el padre no ha revisado su pasado, si todavía no se ha liberado de la rabia que acumuló en su infancia, corre el peligro de no ser capaz de comprender las emociones de su hija. Sobre todo cuando, además, las cosas pasan en público.

Sin embargo, bastaría con que la estrechara entre sus brazos y dejara que llorase, aviniéndose a escuchar las causas de su frustración: «Ya sé que cuando uno no puede tener lo que quiere le entran ganas de gritar. Sé lo duro que es para ti, tienes derecho a gritar de rabia y a llorar... Un día, cuando yo era pequeño, también quería un juguete, pero se lo llevó otro niño... Para mí aquello no era justo y no lo aceptaba, pero las cosas eran así, y yo tenía ganas de gritar. Ya ves, te comprendo...»

Y aunque pueda parecer increíble, la verdad es que las palabras del padre hacen que la niña se sienta comprendida; todavía hipa algunas veces y luego se calma.

La época del tercer año es la del «yo solo». El niño quiere hacer las cosas «solo», so pena de coger unas tremendas rabietas, aun sabiendo que hay ciertas cosas que todavía es incapaz de hacer...

Su mamá a menudo no comprende lo que pasa. ¡Sólo intentaba ayudarlo! Hay una transición muy rápida entre el momento en el que el pequeño gruñe porque los demás no le hacen las cosas tan rápidamente como a él le gustaría, y el momento en el que, a pesar de que ya ha aprendido a hacer algo, seguimos empeñándonos en actuar en su lugar.

Algunas madres, cuyos profundos sentimientos acerca de su propia inutilidad necesitan ser reparados urgentemente, se sienten rechazadas cuando sus hijos reivindican su autonomía. Actuando en nombre de sus hijos, se sienten útiles, pero, cuando ya no pueden seguir haciéndolo, las cosas se complican. Algunas veces caen en la depresión, se sienten culpables y se culpan a sí mismas. Y otras optan por enfrentarse a sus hijos, intentando «ponerlos en su sitio»; es decir, haciendo cuanto está en sus manos a fin de que vuelvan a ser pequeños para así poder seguir ocupándose de ellos. Continúan eligiéndoles la ropa por las mañanas, vistiéndolos, ocupándose de sacarles punta al lápiz y hasta de pelarles el huevo duro; sin embargo, actuando de ese modo no consiguen más que provocar las rabietas de sus hijos o, lo que es peor, su sumisión. En efecto, el pequeño puede renunciar a su autonomía en favor de las necesidades que tiene su mamá en cuanto a refirmar su propia seguridad.

A veces todo vuelve a la normalidad al cabo de unos años. Después de haber batallado para seguir conservando su primacía, la propia madre afloja, permite que su hijo crezca y pasa a ocupar el lugar que le corresponde.

Pero en ocasiones el problema va a peor. Una mujer que sólo cuenta con su labor de madre para llenar su vida puede negarse a abandonar dicho rol. Incuba a sus pequeñuelos sin darse cuenta de que éstos ya no son unos niños de pecho. A ciertos hijos esta actitud les divierte y se evaden, y algunos salen huyendo lo más lejos posible, pero hay otros que se sacrifican y a veces permanecen toda la vida cerca de su mamá.

El término medio, el equilibrio correcto entre protección y libertad no es fácil de encontrar porque necesita ir reajustándose a medida que el niño va creciendo; sin embargo, dichos reajustes son difíciles de poner en práctica cuando nuestra propia infancia estuvo marcada por demasiadas heridas o frustraciones.

2

De los cuatro a los doce años

De los cuatro a los doce años, el niño se va construyendo, sobre todo por imitación, el ejercicio de sus habilidades en el juego y en la relación con lo demás. Juega a las canicas y a vendedoras, al Monopoly y a cocinitas... Aprende a leer, a escribir, a poner la mesa, a ducharse, y a hacer amigos... Descubre el mundo, la socialización, la escuela y a los demás. Sus inteligencias se desarrollan. La inteligencia lógico-matemática y verbal especialmente en la escuela, la inteligencia espacial con los cubos, la inteligencia cinestésica en la práctica del judo o el tenis, la inteligencia musical, la inteligencia relacional con sus amigos y la inteligencia emocional con sus padres. Cada niño es diferente y vive en un entorno que le permite desarrollarse más o menos armónicamente. También puede pasar por pruebas, como perder a sus abuelos, cambiar de domicilio o ejercer el rol de chivo expiatorio en la escuela. Como es natural, no siempre disponemos de las armas necesarias para ayudar a nuestros hijos o también puede suceder que nuestra propia inteligencia emocional no esté lo suficientemente desarrollada, pero la manera como nosotros mismos vivimos esos años será determinante para nuestra actitud en tanto padres.

Tenemos que mostrarnos especialmente atentos respecto a las cosas que nos hirieron o a ciertos episodios de nuestra vida que no hemos conseguido cerrar. Y, en general, podemos abordar el resto de temas de una manera más serena. Si, por ejemplo, de pequeños tuvimos dificultades escolares, es probable que en nuestra familia el tema de las notas sea un asunto delicado. Y más aún si no somos conscientes de ello, o lo hemos borrado de nuestra memoria. Lo que queda en el inconsciente sigue siendo un portador de emociones. En cambio, de manera general, todo aquello de lo que nos acordamos claramente tendrá menos tendencia a empañar el presente.

Por otra parte, es como si existiera una especie de fenómeno de repetición. Si, por ejemplo, cuando teníamos seis años sufrimos algún trauma, es probable que cuando uno de nuestros hijos tenga seis años, le pase algo. El trauma en cuestión puede ser la muerte de un ser querido, un suceso que nos provocó una gran vergüenza, una humillación sufrida en la familia o en la escuela, la mala vivencia del divorcio de nuestros padres, un accidente de coche, etc. A esa misma edad, a nuestro hijo le sucederá algo: sus notas empeorarán, su comportamiento se modificará o se volverá agresivo... Reacciones que no son más que síntomas de inseguridad. En realidad, está reaccionando a la modificación inconsciente del modo como nosotros lo vemos. En cuanto nos demos cuenta de que la que sale a la luz es nuestra propia historia, y reasumamos nuestros miedos, ira, tristeza y dolor, todo volverá a la normalidad.

Asimismo puede suceder que tengamos problemas con una edad específica. Y también que nos cueste digerir ciertos comportamientos. A muchos padres les cuesta jugar con sus hijos, porque sus propios padres no jugaron con ellos, y si cuando eran pequeños se pasaban la vida solos frente a la muñeca o al garaje en miniatura..., es posible que la inmensa soledad que sentían vuelva a resurgir. Estos padres dicen que cuando juegan con sus hijos se aburren, que enseguida se ponen muy nerviosos y que al final les entran ganas de salir huyendo... Pero este aburrimiento es un síntoma de la represión de sus antiguas emociones y refleja la dificultad que tienen para intimar con sus hijos.

Para ciertos padres, los gestos de ternura son muy naturales, pero para otros son complicados y pesados. ¿O es que acaso no es natural que los padres acaricien a sus hijos, que les digan que los quieren y que son muy guapos, y que están orgullosos de ellos y además se lo hagan saber? Pues, aunque parezca mentira, no lo es para todo el mundo. Cuando alguien no sabe bien cuál es su sitio porque cuando era niño sus padres no le prestaron atención, y no se sintió ni bien recibido, ni escuchado, ni considerado, es posible que a él también le cueste darles todo eso a sus propios hijos. O lo que es peor, en vez de felicitarles cuando se lo merecen, puede optar por criticarlos o menospreciarlos.

Édith no puede evitar decirle a su hija con cierta frecuencia frases del estilo de «¿Quién te has creído que eres?», o intenta bajarle los humos diciéndole: «¡Desengáñate, de princesa nada, monada!» ¿Sabe usted trasmitirle a su hijo el sentimiento de que es un ser importante? ¿O al igual que Édith tiende a humillarlo cada vez que se atreve a existir?

Nuestras palabras son iguales a las que un día oímos decir a nuestros padres sobre nosotros, o quizá respecto a otras personas importantes, como nuestros hermanos y hermanas; es decir, palabras con las que nos autodescalificamos cuando éramos pequeños porque en nuestro entorno había algo que nos impedía estar orgullosos de nosotros mismos y sentirnos importantes. A Julien nadie le dijo nunca que no servía para nada, pero muy a menudo a su hijo le dirige observaciones del tipo de: «¿Acaso te has creído que eres el centro del Universo, pues no». ¿Qué le debió de pasar a Julien cuando era niño? ¡Tuvo un hermano pequeño! Y como su madre se ocupaba prioritariamente del recién nacido, llegó a la conclusión de que él era insignificante. Muchas veces había llegado a odiar a su hermano porque para su mamá se había convertido en el centro del mundo.

Asimismo, en la época que va de los cuatro a los doce años, todos nosotros, más o menos conscientemente, procuramos hacer a nuestros hijos a nuestra imagen y semejanza, y les pedimos que hagan realidad nuestros sueños. Los inscribimos en un club de fútbol, en una escuela de danza o de música para que aprendan a tocar el piano porque a nosotros nos gustaban esas cosas o porque de pequeños no nos dejaron hacerlas. No sólo tienen que triunfar en las mismas cosas que nosotros, sino también en aquellos campos en los que fracasamos. Y esta clase de reacción es tan fuerte porque es completamente inconsciente..., aunque, a decir verdad, su intensidad debería ponernos sobre aviso.

10

Los adolescentes

A Delphine le encantó dar a luz a sus hijos, ocuparse de ellos, jugar con ellos y hacerles pasteles. Pero desde que son adolescentes, la cosa ha ido a peor. Grita mucho por cualquier tontería, y le cuesta trabajo reconocerse a sí misma. Se siente particularmente tensa con su hija mayor, que tiene quince años. Se sorprende al verse entrar en la habitación de su hija sin haber sido invitada, y hasta llega a inspeccionar su correo electrónico. Discuten todo el tiempo.

Cuando invito a Delphine a que me hable de cuando ella tenía quince años, se echa a llorar. A esa edad fue víctima de tocamientos por parte de un amigo de la familia. De repente, todo empieza a tener sentido. Delphine descubría la evidencia del impacto de aquel recuerdo en su relación con su hija. Cuanto más crecía ésta, más tensa se sentía. Sin saber por qué, había comenzado a mirar a su hija con ojos inquisidores. Se justificaba a sí misma alegando los riesgos inherentes a la pubertad... Pero, sin embargo, sus reacciones eran excesivas. ¡Era tan intrusiva...! ¿Intrusiva? De golpe la relación le pareció evidente.

A partir de ese momento empezó a mirar sus incursiones en la intimidad de su hija con otros ojos. De manera completamente inconsciente, estaba repitiendo lo que ella había sufrido. Cuando le pasó aquello, no se había atrevido a decir nada. Lo había aceptado como si fuera por su culpa. Se había sentido sucia y culpable. A partir de aquel día, había dejado de ponerse falda y de maquillarse. Ya no quería atraer a los chicos. Cuando veía cómo su hija empezaba a comportarse de un modo seductor..., la emoción que ello le despertaba era demasiado fuerte. Para mantener sus recuerdos bien encerrados, tenía que parar a su hija. De buena gana una parte de ella habría exigido que la chica saliera sólo vestida con pantalones. ¡Y no esa clase de pantalones que dejan ver el tanga!

Otros, con el mismo pasado, reaccionan de modo contrario haciendo gala de una excesiva permisividad, pero su indulgencia está lejos de ser protectora. Como en su momento no supieron o no pudieron protegerse, tampoco protegen a sus hijos. Su aparente indiferencia no es tanto una dimisión de sus deberes de padres como una defensa contra el recuerdo de sus emociones reprimidas.

Y también hay algunos que se muestran excesivamente severos. Lo prohíben todo, y les dan poca libertad a sus hijos. Los controlan, y al hacerlo esperan, inconscientemente, ser capaces de volver a controlar su propia historia.

Joël es particularmente duro con su hijo de quince años. Exploramos juntos sus sentimientos. Se da cuenta de que su hijo no sólo le despierta mucha cólera, sino también miedo. Cuando no logra controlarlo, tiene miedo por él y miedo también de sí mismo... ¿Qué pensamientos mueven a Joël a actuar de este modo? En realidad, él no sufre por su hijo, sino por sus propias emociones. Cuando tenía quince años se pasaba los días tumbado en la cama con la música de fondo. Los pósteres que cubrían las paredes de su habitación hablaban bien a las claras de la violencia que albergaba su corazón. Sin amigos, y llevándose mal con casi todo el mundo, se pasaba los días viéndolo todo negro. Después, creció y salió de ese período tan difícil dedicándose a su profesión. Se casó y tuvo un hijo..., pero su doloroso pasado le seguía a todas partes, hasta que un día se dio de bruces con él, reflejado en su hijo adolescente de quince años.

Los dos ejemplos que acabamos de exponer conciernen a adolescentes, pero el fenómeno puede desencadenarse a cualquier edad. Son muy significativos los períodos en cuyo transcurso resultamos heridos, bien sea porque un acontecimiento grave marcó nuestra vida (por una muerte, un divorcio, una mudanza, etc.), porque pasamos por un período de soledad o porque no lográbamos comunicarnos con nuestros padres, o bien porque fuimos víctimas de acoso por parte de otro alumno o por parte de un profesor, o simplemente porque éramos desgraciados. Pueden activarse toda clase de mecanismos psíquicos, que pueden llegar a perturbar las relaciones que mantenemos con nuestros hijos. No sólo nuestras reacciones respecto a ellos están más motivadas por la manifestación de nuestros afectos que por su comportamiento real, sino que, además, los convertimos en prisioneros de una historia que no les concierne. Como ya hemos dicho anteriormente, los inconscientes comunican, y no es raro ver cómo nuestros hijos repiten, precisamente, aquello que nos da más miedo.

Curar nuestra propia historia no sólo nos ayuda a querer a nuestros hijos, sino que les concede la libertad necesaria para ser ellos mismos. Cuando la comunicación se hace difícil, cuando las disputas estallan con demasiada frecuencia, puede ser útil plantearse la siguiente cuestión: ¿Qué me pasaba a mí a su misma edad?

La falta de intimidad es un buen indicio. Tan pronto como nos demos cuenta de que estamos empezando a distanciarnos de nuestros hijos, eso querrá decir que nos está pasando algo que nos aleja de ellos.

11

Y un día, se van

¿Cuándo eso sucede somos capaces de dejar que sean libres de verdad? Libres para tener éxito, para ser más felices que nosotros, para llegar más lejos, más alto... o a otro lugar, de otro modo, para seguir su propio camino. Esta es la definición del padre. El padre trabaja para que un día lo dejen. Ha cumplido con su misión si el hijo se convierte en un adulto autónomo. Y, el sentido de la evolución obliga, nuestros hijos tienen que llegar más lejos que nosotros. Pero ¿tiene que ser forzosamente así? No, de ninguna manera. La evolución aspira a mejorar la especie humana en tanto grupo, pero eso no significa que cada individuo tenga la responsabilidad de llegar más lejos que sus antepasados. Aunque por otro lado... si bien éstos no nos eximan expresamente de hacerlo, con frecuencia al final acabamos tomando esa dirección.

Resumiendo, la etapa de la madurez de los hijos no es tampoco una período fácil para los padres. A todos no nos resulta igual de sencillo dejar que nuestros hijos se marchen, ni permitirles que se hagan mayores, o que sean más fuertes, más ricos, más inteligentes, más lo que sea o demasiado diferentes de nosotros. ¡Cuántos «ya no eres mi hijo» / «ya no tengo hija» pueden oírse cuando las elecciones del hijo —ya adulto— no convienen a los padres...! El adulto inseguro se identifica tanto con lo que ha dado en denominar como sus valores que es incapaz de soportar lo que para él no es más que un cuestionamiento de su identidad. Considera inadmisibles las elecciones de su hijo o de su hija. En realidad, está completamente aterrorizado. Y prefiere romper, lo que le permite no tener que enfrentarse a su herida. Permitirle a un hijo que sea diferente es atreverse a pensar que nuestra vida también habría podido ser distinta de como fue, una perspectiva terrorífica cuando uno no ha podido escoger verdaderamente la clase de vida que ha llevado.

Dejar que nuestros hijos se vayan (sin que ello implique cortar los puentes) requiere que poseamos una gran solidez interior, y que, aparte de ellos, tengamos otros afectos y vínculos, así como perspectivas de realización personal. Una madre que se ha quedado en casa para ocuparse de sus hijos tendrá, como es lógico, más dificultades que otra que haya seguido con su profesión. Pero también las tendrán aquellos padres que han dejado que su vida de pareja se vaya apagando, utilizando la presencia de los hijos para justificar su distanciamiento afectivo, y, por tanto, se sienten aterrorizados ante la idea de encontrarse solos y frente a frente con el otro cónyuge.

Por otro lado, permitir que la nueva generación nos supere tampoco es fácil. Si en nuestra trayectoria vital no hemos conseguido llegar todo lo lejos que hubiéramos deseado, podemos tener algunas dificultades para aceptar que nuestros hijos tengan éxito, o bien que optemos por empujarlos para que lo hagan en nuestro lugar, lo que en definitiva les roba su libertad de la misma manera que a nosotros nos quitaron la nuestra.

Una madre puede negarle a su hija el derecho a ser feliz porque ella no ha podido serlo. Es decir, le prohíbe que sea más feliz que ella, que la supere. «Nunca podrás tener un hijo», le dice Micheline a su hija porque, como ella perdió uno, no sabe mostrarse tierna con los demás.

«¡Vaya manera de arreglarte, no eres nada femenina...! Eres muy poco atractiva, dudo que encuentres a alguien que esté dispuesto a aguantarte...» También hay otro tipo de observaciones más sutiles, pero que se dicen con el mismo fin inconsciente: el de desvalorizar a la chica para que no se sienta seductora. Y para que, sobre todo, no sea más guapa que su madre.

«En nuestra familia todos hemos sido siempre obreros», enuncia con solemnidad y reprobación Robert cuando su hijo le dice que tiene una propuesta de trabajo como ingeniero.

Por supuesto, no es frecuente que el padre le prohíba verbal y directamente a su hijo que triunfe. Pero el hijo comprende, más o menos conscientemente, que a su progenitor su éxito no lo hace demasiado feliz.

Ver cómo los hijos triunfan en donde uno ha fracasado es doloroso porque pone de manifiesto que, posiblemente, nosotros también habríamos podido conseguirlo... De hecho, un padre tiene dificultades para aceptar que su hijo tenga éxito si se considera parcial o completamente responsable de su propio fracaso o de haber elegido erróneamente. Nos cuesta tanto aceptar habernos equivocado en la vida, que una parte de nosotros querría que nuestros hijos cometieran el mismo error, para poder decirnos «No había otra opción / no podía actuar de otro modo». Esta es la manera como un padre puede pedir (la mayoría de las veces inconscientemente; por ejemplo, frunciendo las cejas, suspirando, o con su actitud) a su hijo que se sacrifique por él tal como él mismo lo hizo en su día por sus padres.

¿Qué hay que hacer para reconocer la existencia de esta faceta un tanto oscura de nuestra condición de padres? La realidad es que la mayoría de las veces somos ambivalentes. Conscientemente, deseamos lo mejor para nuestros hijos, que triunfen, que se casen, que crezcan en tanto personas... Atrevámonos a enfrentarnos a la verdad, y seamos capaces de reconocer que otra parte de nosotros, de manera inconsciente, quiere lo contrario. En ocasiones se nos escapan sin querer algunas observaciones desagradables. Y hasta a veces los primeros sorprendidos somos nosotros. Sigámosles la pista para descubrir su origen, porque dichas observaciones nos enseñarán muchas cosas sobre nosotros mismos. Cuanto más sepamos acerca de esa «faceta oscura», menos fuerte será.

Así pues, ¿qué tenemos que hacer para reparar nuestros errores? Estas páginas nos han ido llevado a la única respuesta posible: Para escuchar mejor y sentirnos más unidos a nuestros hijos, primero tendremos que recorrer el camino que nos lleve hasta nosotros mismos.

PARTE IV

Cuaderno de prácticas

Ejercicios, recetas, trucos e ideas para sortear las situaciones de la vida cotidiana*

* Para alternativas comportamentales concretas véase: www.parentsconscients.com y www.latelierdesparents.fr

Sumario de los ejercicios

1. Observarse sin sentirse culpable
2. Para no seguir culpabilizándonos
3. La mirada de los demás
4. ¿Estoy tenso(a), o estresado(a)?
5. ¿Me pongo nervioso(a)?
6. Mi hijo(a) llora
7. Escuchar
8. El lenguaje de la ternura
9. Saber decir NO y saber decir SÍ
10. Cuestión de competencia
11. ¿Me quiero a mí mismo?
12. Frente a un problema, un mal resultado, una incorrección...
13. ¡Es insoportable!
14. Gestionar los accesos de cólera
15. Superar los actos automáticos del pasado
16. ¿Cree haber cometido lo irreparable?
17. No consigo querer a mi hijo
18. Le escribo a mi hijo
19. Me llena de reproches
20. Le hablo a mi futuro hijo
21. Le explico cómo fue su nacimiento
22. Siempre hay tiempo de reparar los errores
23. Poner punto final

Como ya hemos ido viendo, no es fácil cambiar de modo de actuar, aunque estemos convencidos de la legitimidad de la nueva orientación que deseamos dar a nuestro comportamiento. Por una parte, nuestras costumbres están muy arraigadas. Por otra, a veces nos dan miedo las reacciones de nuestro entorno. Así pues, ¿nuestros cambios pueden llegar a afectar a aquellos que son testigos de nuestros comportamientos y reacciones cotidianas?

Es posible que tengamos que soportar algunos juicios adversos por parte de nuestros padres o de nuestros suegros, pero la mirada de nuestros hijos nos proporcionará el apoyo que necesitamos. No obstante, cuando los hijos son mayores, a algunos padres a veces les da miedo que al cambiar de actitud sus retoños se desestabilicen... Pero eso supone no conocer bien a nuestros hijos, los cuales, la mayoría de las veces, acogen con gran placer nuestros cambios, aunque sean de 180 grados, ya que les ayudan a sentirse mejor y a que la relación que mantienen con nosotros sea más fluida. ¡Para ellos poder confiar en sus padres es tan importante...! Algunos adultos creen que, para que sus hijos puedan confiar en ellos, los padres deben mostrarse «coherentes»; es decir, mantenerse firmes en sus posiciones y fieles a sus convicciones. Pero en realidad, los hijos confían mucho más en un padre que sobre todo se muestra coherente en su deseo de ayudar más y mejor a sus hijos y que, en consecuencia, se aviene a cambiar, adaptando su comportamiento en función de cómo afecta tanto al hijo en sí mismo como a la relación entre ambos.

En las páginas que siguen, le invito, en primer lugar, a hacer un balance. Naturalmente no para que repare en todo aquello que hace «mal», sino para que se observe a sí mismo. Creemos que nos conocemos bien, pero la experiencia muestra que no siempre es así. En nuestras actitudes hay infinidad de detalles a los que nunca hemos prestado atención. Y en estos detalles son en los que nuestros hijos reparan con un olfato infalible y los que les informan especialmente sobre las diferencias de trato entre ellos. Reconozcámoslo, aunque algunos de estos microcomportamientos sean totalmente inconscientes, otros son conscientes, pero preferimos no verlos.

Como sucede con cualquier labor de observación, para que sea eficaz, la introspección debe buscar algo para saber dónde y cómo dirigir la mirada. Al ser madre primero de una chica y luego de un chico, me observé a mí misma en la relación que mantenía con cada uno de ellos para detectar las diferencias. Pero si yo no hubiera leído que una madre tiene tendencia a colocarse a su hija en el pecho derecho y a su hijo en el izquierdo para que mamen, jamás habría reparado en este detalle que, sin embargo, es altamente significativo. Reconozco que en un primer momento dudé y me dije que la verdad es que tanto ponía a mi hijo en el pecho derecho o en el izquierdo, dependiendo de cuál me parecía que estaba más lleno... Pero cuál sería mi sorpresa al comprobar que, efectivamente, y de un modo completamente inconscientemente, me colocaba a mi hijo sistemáticamente en el pecho izquierdo, el cual, en la mayoría de las mujeres, es el que contiene más leche. ¡Sin tener conciencia de ello, una mujer permite a su bebé varón que beba más leche que su bebé hembra! ¡De ahí a que la pequeña deduzca que su madre la quiere menos sólo hay un paso! Los conceptos de alimentar y querer están muy vinculados. ¿Es algo biológico, o es social? Hasta hoy nadie ha sido capaz de identificar exactamente qué mecanismo se pone en marcha, y sólo en Europa y en Estados Unidos se han realizado estudios sobre este tema (que yo sepa).

¡Escribir no es obligatorio, pero resulta muy útil! Aunque usted no sea un adepto de las cuadernos de apuntes, le invito a probar fortuna. Escribir constituye la ocasión de tener una cita consigo mismo. Por supuesto, su cuaderno de apuntes será confidencial, lo que escriba sólo lo verá usted. Tanto da que sea un viejo cuaderno de sus hijos gastado a medias,* o un bonito cuaderno de apuntes nuevo y de tapa dura, o un bloc comprado de prisa y corriendo en el supermercado; téngalo al alcance de la mano junto con algo para escribir para ir anotando en él rápidamente ciertas frases; es decir, en vivo y en directo. Después, con más calma también puede escribir sus reflexiones, sus comentarios o los resultados de sus tentativas. Este cuaderno será su compañero. Podrá ser un refugio en los momentos difíciles, una ayuda para cuando se sienta desbordado por un impulso violento y un espacio para dejar que en él hable el niño que usted fue un día.

---

* Qué familia no tiene una buena reserva de cuadernos de todos los tamaños de los que sólo unas pocas páginas se han utilizado para las tareas escolares. Al curso siguiente, esos cuadernos ya no son del mismo formato que requiere o determina el profesor (sobre todo en las escuelas públicas tan respetuosas respecto a la gratuidad) y, además, el niño quiere un cuaderno nuevo para empezar sobre unas buenas bases... Total, que los cuadernos se acumulan, esperando que alguien los recicle.

1

Observarse sin sentirse culpable

¡Observe sin juzgar! Si un sentimiento de culpabilidad le sobreviene, cálmelo por medio de un pensamiento de ternura referido a su persona. No es fácil atreverse a ver que nuestros actos pueden herir a nuestros hijos. Usted tiene todo el derecho del mundo a respetarse mucho a sí mismo(a). **No olvide que el respeto y la ternura serán mejores compañeros de evolución que la culpabilidad y el remordimiento**.

Durante algunos días, observe sus reacciones frente a su hijo:

- *¿Cuánto tiempo efectivo paso con él, es decir, centrado en él, jugando, hablándole o mimándolo..., pero sin contar el rato que dedico a preparar la cena y en cuyo transcurso lo voy vigilando distraídamente mientras hace los deberes?*
- *¿Cómo lo incluyo en mis actividades? Cocinar, limpiar, llevar las cuentas...*
- *¿Cómo lo alimento? Demasiado, de una manera normal, de un modo equilibrado, con productos «bio», en el restaurante de comida rápida, cuando quiere, a horas fijas, sin prestarle demasiada atención...*
- *¿Cómo y dónde lo beso? En las mejillas, en la boca, en todas partes, tiernamente, con desgana, continuamente, nunca...*
- *¿Cómo lo toco? Únicamente para cuidarlo y lavarlo, dándole*

masajes, mimándolo, haciendo que salte sobre las rodillas, a golpes...

- *¿Y cómo me siento cuando lo hago? Frío(a), tierno(a), cariñoso(a)...*
- *¿Cómo atiendo a sus emociones? Nunca, sólo cuando se ríe, cuado llora no, o sólo cuando llora, cuando se enfada no, cualquier clase de emoción...*
- *¿Qué hago cuando se porta mal?*
- *¿Cómo actúo cuando le niego algo? Con torpeza, con miedo a que ya no me quiera, nunca le digo que no, o, al contrario, se lo digo con demasiada frecuencia.*
- *¿Cómo lo animo para que vaya separándose de mí?*
- *¿Cómo lo ayudo y qué hago para ayudarle a crecer? Demasiado, demasiado poco... Observo lo que hago por él (lavarlo, cortarle la carne a trocitos, servirlo, hacerle la cama, ordenarle la ropa... Y luego me pregunto: «¿Sería capaz de hacerlo solo?»*
- *¿Cómo escucho las cosas que me cuenta sobre su vida, sus juegos y sus amigos? Distraídamente, con interés, deprisa y corriendo, mientras hago otra cosa, dedicándole el tiempo que haga falta.*
- *¿Cómo le hablo de mí y de mi vida?*
- *¿Cómo acepto que crezca y que se vaya alejando de mí, que sea diferente de mí?*

Mis puntos fuertes, es decir, lo que más me gusta de mí en mi relación con mis hijos son:

Mis puntos débiles, o sea lo que no me gusta de mí:

Situaciones en las que tiendo a sentirme impotente o sin argumentos:

Mis convicciones educativas:

Las de mis padres:

Lo que me resulta más difícil:

Algunas de mis reacciones típicas frente a sus «tonterías» y al incumplimiento de nuestros acuerdos:

Cuando grita:

En las peleas entre hermanos y hermanas:

Cuando se niega a hacer algo o hace justo lo contrario:

Ante sus deseos:

Ante sus rabietas:

Cuando llora:

Respecto a sus dificultades en la escuela o con otras personas:

Cuando estoy muy nervioso(a), yo...

Intento reparar en tres situaciones o comportamientos de mi hijo(a) que me sacan de quicio:

Estoy atento(a) a lo que pasa en mi interior en esos momentos: Me siento...

Tengo ganas de...

Eso me recuerda...

Reacciones que me gustaría tener:

Lo que me parece más importante cambiar:

Decido que...

2

Para no seguir culpabilizándonos*

Como ya hemos ido viendo a lo largo de estas páginas, el sentimiento de culpabilidad nos hace estar demasiado centrados en nosotros mismos y a menudo nos impide resolver los problemas. Es un freno a la relación y un peso inútil que cargamos sobre nuestros hombros. Una de dos, o somos culpables, en cuyo caso se trata de que asumamos nuestras responsabilidades y reparemos el daño causado, o no lo somos, con lo que el sentimiento de culpabilidad es, pues, innecesario.

Podemos experimentar un sentimiento de culpabilidad con relación a un acto que hemos cometido o a las consecuencias de alguna actitud nuestra sobre otra persona. En cambio, cuando el sentimiento de culpabilidad es global: «Soy una mala madre, lo he hecho todo mal», dicha culpabilidad no sólo está relacionada con la relación con nuestro hijo, sino que se trata de un juicio cuyo origen se remonta, probablemente, a nuestra propia infancia. El ejercicio sobre «la curación del niño interior» (página 291) será más adecuado que el análisis de nuestros comportamientos educativos.

Con relación a un acto o a una consecuencia, verifiquemos honestamente qué parte de culpa tenemos realmente. En efecto, la mayoría de las veces tendemos a experimentar sentimientos

---

* Trato con más detalle el tema de la culpabilidad en mi libro *Le défi des mères*, coescrito con Anne-Marie Filliozat, mi madre. Los lectores interesados pueden remitirse a él.

de culpabilidad en situaciones que no podemos controlar. Con frecuencia, precisamente el hecho de carecer de dicho poder es lo que desencadena un sentimiento de culpabilidad completamente desmesurado. La víctima es la que suele sentirse culpable, al revés del verdadero culpable.

Con todo, conviene destacar que el sentimiento de culpabilidad nos impide herir al otro y en este sentido es útil y constructivo. Así pues, no se trata de hacerlo desaparecer de un plumazo. Aquí nos estamos refiriendo al sentimiento puramente destructivo de la propia imagen y de las relaciones con los demás.

A) *Soy real y completamente responsable.*
B) *Soy parcialmente responsable.*
C) *No soy en absoluto responsable.*

Según lo que he marcado:

A) *Me muestro receptivo, e incluso favorezco y escucho los motivos de enfado de mi hijo, y luego intento arreglarlo.*
B) *Asumo mi parte de responsabilidad, pero sólo la que me corresponde y ninguna más. No protejo al otro padre o a otra persona. A veces sentirse culpable es una manera de cargar con la responsabilidad de otro...*
C) *Identifico la pérdida o la herida sufrida, la humillación o la frustración de mis necesidades. En esta situación, no controlo, no tengo poder de decisión... Mi sentimiento de culpabilidad es como un ataque de mi propia frustración, una tentativa inconsciente de hacerme creer que controlo la situación. Acepto mi sentimiento de impotencia, y me permito sentir las emociones que antes reprimía.*

Los sentimientos de culpabilidad excesivos son un buen indicio de que todavía el individuo lleva guardados dentro de sí sentimientos de miedo, terror, cólera, rabia, asco... Conforme vaya trabajando su personalidad y siendo más conciente de sí mismo, esos sentimientos irán disminuyendo en beneficio de la responsabilidad y del sentimiento de tener poder sobre su propia vida.

3

La mirada de los demás

¿Siente vergüenza cuando a sus hijos del alma les da por ponerse sandalias para chapotear en el barro, o por calzarse botas de agua los días de sol radiante?

¿O cuando el profesor le dice que su hijo sólo hace tonterías o que no trabaja bastante?

¿Qué siente si cuando están en la placita, su pequeño, que por lo general es muy sociable, muerde a una niña «que no le ha hecho nada», o si en el supermercado se pone a berrear porque quiere un paquete de caramelos?

Siento vergüenza cuando los otros me miran...

Para asumirlo, basta con invertir el sentido de la mirada. No deje que lo(a) miren. No siga siendo el objeto de las miradas de la gente. ¡Mírelos usted, hábleles, coja las riendas de la situación! Si usted es quien los mira, ellos dejarán de hacerlo.

¿Que una persona me mira? Pues yo también la miro a ella y, además, le doy un buen repaso...

¿Que mi hijo es diferente? ¡Pues sí, gracias a Dios! Cada niño tiene derecho a tener su personalidad y sus características propias. Da igual que dichas diferencias sean graves o no, que sean un problema de enuresis,* autismo, asma, soriasis, dislexia, obesidad, de excesivas rabietas, etc. Para que la vergüenza o el sentimiento de culpabilidad no tengan cabida, se trata de no quedarse sin hacer nada cuando los otros nos miran. Además de invertir el sentido de la mirada de los demás, también puedo:

1. Hablar con otros padres que viven el mismo problema.
2. Informarme sobre lo que tiene mi hijo para saber responder y sobre todo para sentirse seguro.
3. Hablar con los demás, informarlos.
4. Formar parte de una asociación, reunirme con otros que tienen la misma dificultad.

La mayoría de las veces, los padres no tienen demasiadas ganas de reunirse con otras personas que están pasando por la misma situación. Se sienten diferentes, no son capaces de aceptar que lo necesitan, ni, sobre todo, de reconocer que son «padres de un niño enurético», por ejemplo. Pero en realidad sucederá todo lo contrario. En los intercambios con los demás, las etiquetas se despegan, tanto las de los hijos como las de los padres.

¿Qué hago cuando alguien se cree con derecho a juzgarnos?:

Intento ponerlo en su lugar. Cada vez que yo u otra persona emite un juicio sobre mi hijo, formulo el siguiente razonamiento:

Ella dice: «*El niño es tímido*».

Yo contesto: «*Se toma su tiempo para saber con quién tiene que vérselas antes de hablarle*».

Ella dice: «*Es caprichosa*».

Yo respondo: «*Le apetecía muchísimo tener este juguete*».

* Pipís nocturnos.

4

¿Estoy tenso(a) o estresado(a)?

Marque las frases en las que se reconozca:

- *Me pongo nervioso(a) por una pequeñez.*
- *Tengo tendencia a acusar.*
- *Pierdo el control.*
- *Me enciendo enseguida.*
- *Siempre tengo prisa.*
- *Mi frase favorita* es *«date prisa».*
- *Todo tiene que estar impecable.*
- *Mis hijos tienen que obedecer al instante.*

¿He marcado más de una frase? ¡Pues entonces tengo estrés!

Analizo las cosas que me provocan estrés:

- *¿Recibo bastante reconocimiento por parte de los demás por lo que hago y por cómo me comporto?*

- *¿Tengo miedo de lo que piensen los demás si mi casa (u otra cosa) no está impecable?*

- *¿Todo lo que hago es absolutamente necesario? (¿O lo que pasa es que a veces obedezco órdenes de otras personas o del pasado?)*

- *Contemplo mi vida de manera más global; dónde me encuentro en términos de:*
  - *Seguridad: seguridad financiera y física (ausencia de enfermedad, de peligro).*
  - *Territorio: (Piso o casa. Invadido por otras personas).*
  - *Amor, ternura: (¿Cómo va mi relación de pareja?).*
  - *Apertura, realización personal: (¿Cuáles son mis fines? ¿Cómo me realizo?).*

¿Qué puedo hacer para disminuir mi tasa de estrés?

Satisfacer mis necesidades en el plano:

- *Físico (comer, beber, dormir, hacer el amor, andar, hacer deporte).*
- *Emocional (sentirme reconocido, llorar, reír, dar rienda suelta a mi enfado).*
- *Intelectual (leer, intercambiar opiniones, informarme, reflexionar).*
- *Social (reunirme con otros, salir, tener un sitio en la vida, ser útil).*
- *Espiritual (sentido...).*

Tomo tres decisiones para estar mejor:

-
-
-

Hago una lista de diez pequeñas peticiones, diez cosas que me harían feliz.

Se la entrego a mi pareja. En el curso del mes, y como mejor le convenga, deberá ir poniéndolas en práctica.

Hablo de mí, explico cómo son mis días. Hablo por lo menos durante diez minutos al día con una persona adulta.

5

¿Me pongo nervioso(a)?

¿Cuándo me pongo nervioso por causa de un comportamiento de mis hijos, ¿de dónde proceden mis gritos y a quién se dirigen en realidad?

Durante diez días, cada vez que me ponga nervioso, me autointerrogaré y colocaré un palito junto a la línea correspondiente. Algunas veces pueden interactuar varios factores:

Cansancio
- *Ciclo hormonal*
- *Problemas en el trabajo*
- *Conflictos en la pareja*
- *Los quehaceres domésticos asumidos en solitario me pesan*
- *Dificultades económicas*
- *Un enfermo en el entorno familiar próximo*
- *Frustración*
- *Injusticia*
- *Inquietud*
- *Otras preocupaciones...*

Hago el recuento. ¿Cuántos palitos hay en cada línea?

Una vez efectuado el balance, tenemos que exteriorizar nuestras emociones. Escoja a una persona de confianza para hablar con ella —un amigo, su psicólogo, etc.— y confíele lo que ha descubierto. En un primer tiempo, lo que más necesitará será quejarse (si, si...), y más tarde, llorar, sacar fuera su rabia, sacudir almohadones, jugar al tenis como un poseso o dedicarse a cortar troncos... Usted es muy libre de encontrar sus propias ideas para sacar fuera su energía. Tenga confianza en su creatividad.

A continuación, determine cuáles son sus necesidades más inmediatas: ayuda, apoyo. Si introduce una tercera verá cómo su estrés disminuye un punto (e incluso más). Deje de pensar que tiene que asumirlo todo solo. No sólo el hecho de dejarse ayudar no es ninguna vergüenza, sino que el verdadero coraje consiste en eso: ¡En dar la cara y en atreverse a pedir!

6

Mi hijo(a) llora

¿Cómo me siento cuando mi bebé llora aunque no tenga hambre, ni sed, ni necesidad de dormir o de que le mimen? ¿Y cuándo mi hijo(a) de cuatro, diez, catorce o veintidós años llora? Punteo mi reacción:

A. *Me invade el pánico, no sé qué hacer.*
B. *Me culpabilizo.*
C. *Le agredo.*
D. *Me tapono los oídos o me voy a otra habitación para no oírlo.*
E. *Entiendo sus lágrimas como lo que son, intentos se aliviarse de un peso. Lo escucho y me solidarizo con él.*

Si no he punteado E, es porque, probablemente, proyecto las lágrimas de mi propia niñez, un tiempo al que sus sollozos me han hecho regresar, y por eso soy incapaz de oírlos.

Tan pronto como identifico que me resulta difícil, e incluso insoportable, oírle llorar:

1. *Respiro, me tomo un tiempo para recuperar mi serenidad interior. En caso de necesidad, y si el niño no es demasiado pequeño para quedarse solo, me voy al baño. Si no, me doy la vuelta y me tapo los oídos durante algunos instantes, justo el tiempo de recuperarme y para evitar enfadarme. Si sus berridos me perfo-*

ran los tímpanos, recurro a los tapones para poder mantenerme relajada/o y disponible junto a él.

2. *¿A veces lloro? ¿Qué es lo que me pasa por dentro cuando lloro? Me pongo en contacto con mis sensaciones. Me acuerdo del alivio que viene después de las lágrimas. Me trato con ternura.*
3. *Me acuerdo de un momento en el que sentí mucho amor por mi hijo y en el que fui muy feliz con él. Me quedo con ese sentimiento de amor incondicional.*
4. *Visualizo sus lágrimas como si fueran un veneno que tiene en el corazón y qué está intentando expulsar. Lo animo a sacar todo ese sufrimiento de su interior. Veo cómo va vaciando ese veneno hasta llenar un vaso que, mentalmente, coloco frente a mí. Su tristeza no penetra en mi corazón, sino que se vierte en el vaso. Veo cómo su sufrimiento se va aliviando gracias a sus lágrimas.*
5. *Si lo rodeo con mis brazos, prolongo cuanto puedo el contacto de mi cuerpo con su cuerpo y del suyo con el mío. Como si mis brazos «escucharan» su cuerpo. Lo cobijo con mi cuerpo. Por una parte, para darle la seguridad que necesita para que pueda llorar cuanto quiera, y por otra, para seguir manteniendo un contacto íntimo con él sin reaccionar exageradamente. También puedo hacer este trabajo interior mentalmente, a distancia.*
6. *Lo miro a los ojos con ternura y respeto.*
7. *Le doy ánimos: «Llora, estoy aquí para escuchar todas tus penas, explícamelas. Llora cuanto necesites».*
8. *Me quedo a su lado, y veo cómo llora su dolor. Veo cómo todo su dolor va saliendo, pero no lo meto en mi corazón, sino que veo cómo va desapareciendo dentro del vaso.*
9. *Las lágrimas no duran demasiado tiempo... O si duran, es porque la emoción que las provoca no está identificada, y entonces me mantengo a la escucha para ayudarlo a traducirla en palabras.*

7

Escuchar

Escuchar no es algo tan evidente como parece a primera vista. Enseguida tenemos el impulso de responder, de encontrar soluciones, de aconsejar, de acabar las frases del otro, de interrumpirlo e incluso de juzgarlo... Y además se puede escuchar sin prestar demasiada atención, es decir, oír las palabras del otro pero sin captar su sentido. Cuando alguien nos habla, ¿siempre oímos lo que dice su corazón?

Escuchar a un niño no consiste en ponerse delante de él diciéndole: «Te escucho». El pequeño habla más cuando va en nuestra misma dirección, en el coche, o haciendo cualquier otra cosa, como, por ejemplo, desgranar guisantes, pelar verduras, cocinar, hacer alguna reparación o hasta ordenar la vajilla; hay infinidad de ocasiones. Si necesita hablar, sabrá aprovechar la ocasión.

Hacer algo juntos también puede ser un modo de escucharle más allá de las palabras... de escuchar la vida que hay en su interior.

En silencio, siento el amor que le profeso. Saboreo cada instante de su presencia. Respiro su energía, su olor.

¿Me habla? Le escucho más allá de las palabras, escucho el movimiento de la vida que hay en su interior.

¿Me cuenta algo que le ha pasado? ¿Un altercado? No tomo partido. Me abstengo de hacer ningún comentario, simplemente reflejo sus sentimientos: «¡Tuvo que ser duro!», «Debiste de enfadarte muchísimo», «Te sientes desgraciado por...» Cuide mucho el tono de su voz. No pronuncie definiciones ni interpretaciones; usted no está afirmando nada, sino que tan sólo se limita a mantenerse conectado con la emoción de su hijo y a, simplemente, expresarla en palabras.

Observo lo que pasa dentro de mí cuando no respondo, cuando no doy ninguna solución, cuando no dirijo la conversación...

Cuando nos da miedo que nuestras emociones emerjan, nos sentimos tentados a concluir la conversación de una manera u otra o a recuperar el control.

Me siento mal cuando...

Encajo mal sus (tache lo que no corresponda) miedos, enfados, tristezas, alegrías...

Porque me recuerdan:

O porque me digo que:

Cuando me siento indefenso ante la manifestación de sus emociones:

1. *El hecho de que el niño reaccione emocionalmente no implica que experimente una emoción verdadera (por ejemplo, puede tener miedo o mostrarse triste frente a una injusticia en vez de enfurecerse), o que ésta sea desmesurada y exagerada. Si su reacción es desproporcionada e inapropiada, es probable que se trate de un sentimiento parasitario,* por lo que en ese caso es natural que yo me quede sin argumentos.*

2. *Si su emoción es apropiada, buceo en mi interior. ¿Me siento cómodo(a) con esta emoción?*

3. *¿Experimenté la misma emoción a su misma edad sin poderla expresar? O la expresé sin que nadie me escuchara?*

¿En mi familia, ciertas emociones estaban prohibidas?

¿Cuáles eran las emociones que mis padres dejaban traslucir con más frecuencia?

Si descubro que una de mis reacciones respecto a mí o a mis hijos podría estar motivada por una fidelidad, consciente o inconsciente, a mi familia de origen, decido romper con dicha fidelidad.

---

* Para un estudio más detallado, véase mi libro *¿Qué me está pasando? Las emociones que nos afectan cada día*, Ed. Mensajero (2003). Estas ideas también están desarrolladas en el curso «La gramática de las emociones». www.filliozat.net

Continúo perteneciendo a mi familia aunque exprese, por ejemplo, mi cólera o mi amor.

En este caso, la fidelidad no es un valor positivo. Nos hemos mantenido tan fieles porque teníamos miedo y nos sentíamos desgraciados. Tenemos derecho a ser fieles a las cosas buenas que aprendimos de nuestros padres, pero es inútil que queramos seguir siéndolo con aquellas que dañan las relaciones que mantenemos con los demás.

Hago las paces con mis propias emociones.

Me acuerdo de cuando era pequeño. ¿Qué es lo que sentía cuando estaba furioso, cuando tenía miedo, cuando era feliz, cuando estaba triste, etc.? Reúno mis sensaciones y le doy a aquel niño los cuidados de que carecía.

8

El lenguaje de la ternura

Hay padres que dicen «te quiero» cuatro veces al día y otros que nunca llegan a pronunciar estas palabras. Algunos no saben decirle no a sus hijos en la creencia de que así les están diciendo que los quieren. También están los que dicen que prefieren los actos a las palabras, sustituyéndolas por regalos... Cuando a uno no le prestaron demasiado atención en su infancia, no siempre es fácil pronunciar palabras de amor. No obstante, también puede suceder que se digan demasiadas palabras de cariño, o, incluso, que se digan mal... A veces nos creemos obligados a decir muchas. Dichas palabras pueden decirse en vez de otras que no sabemos cómo pronunciar.

Cuando la expresión «te quiero» significa «te digo que te quiero para tener la seguridad de que lo sabes porque a mí nadie me lo decía», para el hijo puede resultar un poco pesada, y para el que la dice hace que vuelvan a su memoria las carencias de su infancia. Ya no es un «te quiero» relacional en el presente, sino un «te quiero» que va dirigido a sí mismo. Asimismo, hay padres que abusan tanto de los cumplidos —«Eres muy guapo / eres estupenda / eres maravillosa / ¡eres tan inteligente...! / eres bueno»—, que corren el peligro de forzar a sus hijos a ser guapos, inteligentes o buenos, porque, si no, éstos creerán que ya nadie los quiere. Y sobre todo los que abusan de palabras más comprometedoras, como: «Me encanta vivir contigo, cuando te miro, mi corazón se pone a latir dentro de mi pecho; sencillamente, te quiero».*

Digo «te quiero» una vez al día a cada uno de mis hijos, mirándolos a los ojos y prestando atención al modo como respiro y a lo que siento dentro de mí.

¿Opina que es demasiado difícil? Comience por decirle al oído una palabra cariñosa o por pensarla... Lo importante es que usted deje que las sensaciones de la emoción que causa el amor vayan creciendo en su pecho.

¿Cómo nos expresábamos en mi familia? ¿Qué hacíamos para comunicarnos el amor y la ternura que nos profesábamos? Soy consciente de las cosas de que carecí, y le doy a mi niño interior lo que necesita. Realizo el trabajo de curación de la página 291.

---

* Naturalmente, con eso no quiero decir que haya que desterrar ciertas expresiones como, por ejemplo, «¡Qué guapo eres!», sino sólo que hay que evitar los excesos. La excesiva idealización marca distancias.

9

Saber decir NO y saber decir SÍ

Al principio, el padre es el principal responsable de la protección de sus hijos. Con el tiempo les va dando permiso para que actúen solos, para alejarse... Les va abriendo sus horizontes progresivamente.

No siempre es fácil lograr un equilibrio entre la protección necesaria para asegurar la seguridad de los hijos y las autorizaciones que le permitirán ir adquiriendo su libertad...

Desplazo el cursor sobre la línea entre seguridad y libertad en función de la imagen que tengo sobre mí en tanto padre:

Cuanto más pequeño sea el hijo, más cerca de «seguridad» tendrá que estar el cursor, y cuanto mayor sea, más debería acercarse a «libertad». Cuando llegue el tiempo de que se vaya de casa, el cursor debería estar al cien por cien en «libertad»... Pero ¿eso es lo normal?

¿La autonomía que le concedo a mi hijo es suficiente, insuficiente o exagerada?

¿Tiendo a actuar en su lugar aunque él es perfectamente capaz de hacerlo solo?

En caso de que sea necesario, lo verifico con él.

Le enseño a: cortar, servirse, vestirse, lavarse, hacerse la cama, descascarillar un huevo pasado por agua, hacer los deberes, etc.

A veces sucede que, con la excusa de la protección, un padre puede llegar a dominar a su hijo. Especialmente en la adolescencia, el padre puede llegar a ser demasiado intervencionista. Al no encajar demasiado bien la incipiente autonomía del hijo, puede entrar en su habitación sin llamar, intentar leer su diario íntimo o echarle una ojeada a su blog, y hasta es posible que pretenda hacer «limpieza general» de su habitación, inspeccionando sus calzoncillos y las sábanas...

¿Cómo me sentiría si le dejara crecer? ¿Cómo podría aceptar que ya no soy útil?

Decir NO, o sea, acotar el espacio que rodea a nuestros hijos para protegerlos, es necesario durante un tiempo. Luego poco a poco los NOES pueden ir cediendo el paso a los SÍES.

A los trece años usted le dirá a su hija: «NO, esta noche no sales sola».

A los quince, ese NO se convertirá en un SÍ, pero con ciertas condiciones.

Conforme el joven vaya creciendo, las condiciones se suavizarán. A los dieciocho, ya es un adulto, y entonces el SÍ será incondicional.

Usted también puede intentar proteger un objeto:

Cuando el niño tiene un año, usted le dice: «NO. Prohibido tocar este vaso de cristal» (o quizá mejor: «Toma, el tuyo es éste»).

A los dos años: «Puedes tocarlo si yo estoy a tu lado».

Y a los tres años, cuando ya su destreza es buena: «Mira, esto se coge así, puedes cogerlo».

¿Puedo montarme en el tobogán gigante? ¿Puedo ir a ver a mi hermana pequeña? ¿Puedo ir a casa del vecino? ¿Puedo ir solo a comprar el pan? ¿Puedo ir solo a la escuela? ¿Puedo levantarme de la mesa? ¿Puedo pintar? ¿Puedo hacer un pastel? ¿Puedo...?

¿A veces me cuesta decir SÍ, dar permiso?
Probablemente a mí tampoco me permitieron hacer las mismas cosas que ahora le niego a mi hijo.

No es fácil que concedamos a nuestros hijo los permisos que nos negamos a nosotros mismos. Si en su día se nos negó el permiso para hacer algo, carecemos de la experiencia y de la vivencia de haberlo hecho, y entonces podemos empezar a tener miedo. Y como resultado, vacilamos a la hora de decir SÍ.

¿Y si me diera permiso para hacer ciertas cosas?

- *Me doy permiso para ir a «molestar» a la vecina para pedirle sal, harina o una cabeza de ajos.*
- *Me doy permiso para iniciar una actividad que no acabaré.*
- *Me doy permiso para...*

A veces no sabemos decir ni SÍ, ni NO. Y entonces dejamos que nuestros hijos tomen sus decisiones solos; sin embargo, por desgracia no obramos así por respeto hacia sus necesidades, sino porque somos incapaces de tomar una decisión.

Tanto se necesita poder para decir NO como para decir SÍ, pero SÍ de verdad.

Cuando un padre carece de potencia personal, tiende a recurrir a los juegos de poder y a la manipulación para obtener lo que quiere o lo que deja hacer.

Potencia, Permiso y Protección son las tres «pes» de los padres, y las tres son indisociables.

La potencia es, de hecho, la seguridad interior, la confianza en sí mismo. Es ese amor que sentimos por nosotros y por la vida y que favorece nuestra solidez interior. Sin ella, los permisos se convierten en laxismo y a menudo la protección es incoherente.

Me siento potente cuando:

- Estoy en contacto con mis verdaderas emociones.
- Me siento interiormente seguro.
- Cualesquiera que sean sus comportamientos o sus palabras, mis hijos no tienen el suficiente poder para destruirme.
- No me da miedo la opinión de los demás porque sé que sus eventuales juicios no son más que tapaderas de sus heridas.
- Me quiero a mí mismo.

10

Cuestión de competencia

Me observo a mí mismo(a). ¿Alguna vez siento como un pinchazo en el corazón al ver cómo una madre o un padre se ocupan de su hijo y le dan lo que yo nunca tuve? En la placita, en casa de unos amigos, en el tren...

Ese pinchazo en el corazón me está informando de algo. Puedo optar por sentir celos o por curar mi historia.

¿Cuáles serían las causas que podrían llevarme a competir con mi hijo?

- *La ternura recibida*;
- *El número o la calidad de los juguetes*;
- *La ropa*;
- *La comida*;
- *La libertad*;
- *Los estudios*;
- *Las aficiones*;
- *Los amores*;
- *Otros...*

¿Qué es lo que me cuesta más darle a mi hijo?

Una vez más, observe sus reacciones sin juzgarse. Si usted está compitiendo con su hijo, no es porque sea un mal padre o una mala madre, sino porque tuvo carencias en su infancia. En consecuencia, el hecho de juzgarse a sí mismo no sólo es inútil, sino que haciéndolo se arriesga a inhibir el proceso de curación. Haga exactamente lo contrario: ¡Felicítese por atreverse a reconocerlo!

Para no pasarse la vida compitiendo, pruebe a ocuparse de su niño interior...

Cada vez que siento un conato de celos, voy a ver al hijo que un día fui. Lo escucho, le hablo y en mi imaginación veo cómo recibe todo aquello que en su día no tuvo: ternura, autonomía, permiso, juegos, amigos...

Acepto mis emociones. Dejo que las cosas fluyan. Le doy toda la ternura que soy capaz de crear al niño que un día fui.

Eso me ayudará a que pueda alegrarme ante las ventajas que tienen mis hijos.

11

¿Me quiero a mí mismo?

Esto es lo que me gusta de mí: (redacte una lista con una veintena de factores físicos, emocionales, relacionales, intelectuales, espirituales, etc.).

-
-
-
-
-
-

Ser capaz de apreciar diferentes aspectos de uno mismo es una etapa. Quererse es más amplio, es una aceptación incondicional de uno mismo; tratarse con ternura es una sensación de complicidad, de intimidad, etc., que viene del contacto íntimo con uno mismo y que el individuo va descubriendo a medida que va identificando sus emociones.

En un primer tiempo, me miro cada día en el espejo y me concentro sobre un detalle de mi cara que me gusta.

Me miro en el espejo, directamente a los ojos, y le digo a mi imagen reflejada: «Te quiero». Estoy atento a las sensaciones que experimento. Al principio es probable que no sienta nada en absoluto.

Luego, a medida que vayan pasando los días, aunque es posible que me invadan las consabidas oleadas de cólera, de asco y de desprecio hacia mi persona, yo sigo insistiendo, sigo diciéndome «Te quiero». Poco a poco, en mi interior irán arraigando los sentimientos de complicidad, de ternura y, por último, de amor... Si, si...

Me miro como me miraría una madre universal, portadora de una ternura infinita. Siento lo que pasa en mi interior cuando recibo esa ternura y ese amor. Me lleno de ese amor. Ahora me será más fácil repartirlo en mi entorno.

Quererse es experimentar la alegría que proporciona vivir, sentir cómo la Vida palpita dentro de nosotros.

Para estar en condiciones de ocuparme mejor de mis hijos, primero necesito ocuparme de mi niño interior. A continuación incluimos algunas opciones para que vaya al encuentro de ese niño y para que, poco a poco, cure sus heridas. Usted puede escoger la vía que mejor le parezca, o decidirse por todas...

La foto

Escojo una foto de mi hijo. La miro. Dejo que dentro de mí afluyan los sentimientos, las emociones, los pensamientos... Si son de amor, todo va bien. Si no, anoto lo que me pasa por la mente.

A veces, el niño que un día fuimos nos da asco, nos repugna, nos llena de vergüenza... Tan solo deseamos hacer una cosa con él, rechazarlo, cuando en realidad lo que sucede es que no queremos seguir sufriendo por su causa. Por tanto, ¿vamos a conformarnos con dejar al niño que un día fuimos así, solo con su dolor?

Una vez más será útil observarse y analizarse respecto a ello.

¿Quién decía o pensaba eso de mí?

¿Quién me hizo o me dejó llevar el peso de mis dificultades sin ayudarme?

Para desarrollar la empatía hacia el niño que un día fuimos, necesitamos entender sus emociones. Nuestros juicios sobre nosotros mismos son sólo maneras de distanciarnos de nuestros afectos. A veces es más fácil decir «era gorda» que «la gente me producía terror».

O «era un ingenuo» que «tenía tanto tenía miedo que ni me atrevía a hablar».

Pero todos estos juicios nos alejan de nosotros mismos... y también de nuestros hijos.

Mirando la foto, y dejando que los recuerdos vuelvan a mi mente, escucho las emociones que sentía cuando era niño.

Dos son más fuertes que uno

Imagino que llevo conmigo a la pequeña o al niño que un día fui. La(o) visualizo a mi lado. Cuando ella o él tiene miedo, la(o) calmo, le hablo, la(o) escucho.

A lo largo del día, me acompaña en mis actividades. La(o) llevo cogida de la mano, le hablo por dentro, le muestro mi vida de hoy.

La curación del niño interior

A continuación incluimos el texto de un ejercicio de relajación que usted puede grabar* con su voz y repetir tantas veces como sea necesario:

Cierro los ojos, respiro.

* Este ejercicio de relajación-visualización se puede encontrar grabado por la autora. Pueden adquirirlo en www.filliozat.net

Visualizo entre mis cejas un punto de luz azul.

Ese punto de luz va a recorrer mi cuerpo, aflojando cada uno de mis músculos. La luz barre mi frente, desciende alrededor de los ojos, a lo largo de la nariz, y me relaja la mandíbula y hasta la lengua.

El punto azul desciende por mi cuello, por el hombro derecho y por el brazo derecho hasta llegar a los dedos; el punto de luz azul vuelve a ascender, cruza mi pecho hasta llegar al hombro izquierdo, al brazo izquierdo y a los dedos, al pecho y al corazón. La luz me acaricia el vientre, hace que mi pelvis se relaje, desciende por la pierna derecha hasta llegar a los dedos del pie; sube, y pasa a la pierna izquierda hasta llegar a los dedos del pie.

El punto de luz azul se posa sobre el cóccix, lo relaja y hace que se afloje. Vuelve a subir por la columna vertebral, vértebra tras vértebra, las lumbares, las dorsales, las cervicales..., recorre el cráneo, relaja los huesos e ilumina todo el cerebro.

Y como respiro con calma, profundamente, me siento dentro de una suave burbuja de luz de color azul.

Dejo que mi cuerpo continúe aflojándose y me voy mentalmente a un bosque.

Un gran árbol se alza delante de mí. Es muy sólido. Extiende majestuosamente sus ramas en el cielo. Me acerco a él. Lo rodeo con los brazos y pongo mi mejilla contra su corteza. Siento su energía.

Ahora me siento con la espalda contra el árbol. Pienso en mis dificultades actuales. Dejo que fluyan las emociones, las sensaciones que estas imágenes me han suscitado.

Mi niño interior está herido.

Cerca del árbol, diviso una cueva muy profunda. Sé que conduce a un episodio de mi pasado. Un episodio doloroso de mi infancia.

Yo, el adulto de hoy, voy a intervenir en mi pasado para ayudar y apoyar al niño de entonces.

Mientras continúo meditando bajo el árbol, una imagen mía se levanta y se dirige hacia la cueva. Bajo los escalones que hay delante de mí.

Llego ante una puerta. Detrás de esa puerta hay una escena de mi infancia, sé que voy a mirarla desde afuera, como en el cine. Abro la puerta.

Miro al niño que era entonces. Le miro a la cara. Observo lo que pasa a su alrededor.

Intervengo en lo que está viviendo. Soy el testigo, el defensor que nunca tuvo. Miro a mis padres, miro al o a la que está haciéndole daño al niño, y le digo —o les digo— lo que jamás me había atrevido a decir. Les digo que es injusto tratar a un niño de ese modo, les digo que su comportamiento es intolerable.

No hay nada que justifique que se hiera, se ridiculice o se manipule a un niño.

Las imágenes de mis padres se desvanecen y me vuelvo hacia el niño que un día fui.

Le doy mi amor porque lo necesita de verdad.

Es posible que el niño que un día fui esté tan poco acostumbrado a recibir amor sin ninguna clase de condiciones, que al principio desconfíe... Le dejo que se tome su tiempo, tratándolo como si fuera un niño pequeño al que no conocía. Me acerco a él con delicadeza. Le dejo que vaya acostumbrándose a mí, que sienta que nos une un vínculo de confianza.

Según la edad que tenga, lo cojo por los hombros, lo pongo sobre mis rodillas o lo cojo en brazos. Le acaricio la cabeza con suavidad, me gusta hacerlo y hago que se dé cuenta. Necesita este amor que se da sin condiciones.

Escucho lo que tiene que decirme, lo que guarda en el corazón, estoy atento a sus emociones. Lo dejo llorar o gritar en mis brazos... Es muy importante que me hable, que se exprese.

Soy su futuro, lo conozco mejor que nadie.

Ahora le hablo, le digo lo que necesita oír, le explico lo que todavía no puede comprender, le enseño lo que todavía no sabe. A menudo las lágrimas hacen acto de presencia, pero son lágrimas de alivio y las acepto. Mi amor ha conmovido al niño que llevo dentro.

Siento lo que le sucede, lo que me pasa a mí, cuando mi niño interior recibe toda esa ternura.

Ahora ayudo al niño que un día fui a que recupere la confianza en sí mismo, le enseño a ser él mismo y a que muestre su personalidad.

Lo acompaño en las situaciones difíciles de la vida.

Le enseño a hacerse respetar, a jugar con los otros, etc.; es decir, todo aquello que necesita aprender.

Me doy cuenta de qué clase de niño habría sido yo si me hubieran guiado y ayudado de ese modo. Si hubiera recibido en su momento el amor y la atención que merecía.

Ahora es el momento de decir hasta la vista a ese pequeño, le digo que volveré y sobre todo que puede llamarme cada vez que lo necesite.

Como voy recorriendo progresivamente el tiempo hasta llegar al día de hoy, veo cómo habría crecido y cómo habría vivido otras etapas de mi vida.

Visualizo al adolescente que habría podido ser, me veo a los veinte años, a los veinticinco, a los treinta y cinco... Veo a la persona que sería hoy, veo cómo habría podido llegar a ser. A la persona que soy en realidad, y a la que habría podido ser si me hubieran respetado y guiado correctamente, tal como me merecía.

Como soy consciente de ello, consciente de mi realidad, dejo que nazca un profundo sentimiento de confianza y gratitud. Siento la Vida en mí.

Y, manteniéndome en contacto con esas sensaciones, vuelvo cerca de mi árbol. Miro a mi alrededor, siento los olores, escucho los sonidos de la naturaleza.

Y vuelvo a mi burbuja azul. Respiro más profundamente. Tomo conciencia de lo que veré cuando abra los ojos, muevo los dedos del pie y de las manos, los pies y las manos, y poco a poco contactando con todo mi cuerpo, respiro, bostezo, me estiro... y abro los ojos.

La carta

Le escribo una carta al niño que un día fui. Quizás un poema... para decirle que lo quiero y dos o tres cosas sobre él, los demás y el mundo que me gustaría que supiera.

12

Ante un problema, un mal resultado, una incorrección...

Ante un problema, un mal resultado o una incorrección, antes de actuar conviene formularse las preguntas siguientes:

¿Cuál es el problema?

¿Es mi problema o el de mi hijo?

¿Cuál es mi intención?

¿Mi actitud es pedagógica? ¿Qué le enseña?

A veces puede suceder que recurramos al castigo de un modo automático.

Un castigo es una humillación, y por tanto, es antieducativo. Pone de manifiesto el poder del adulto sobre el niño, pero no logra explicar la naturaleza del error cometido. En general, los castigos no guardan ninguna relación con la «falta», sino que insisten en la culpabilidad del niño y no en la reparación. Los padres a menudo castigan por acto reflejo, sin pensar en ello, porque a ellos mismos también se les castigó en su día. Y a pesar de que saben bien hasta qué punto los castigos recibidos apenas les enseñaron nada, se los siguen imponiendo a sus hijos.

Castigar a un niño equivale a luchar contra el sentimiento de impotencia. Cuando castigamos a alguien tenemos la ilusión de que estamos actuando, de que «hacemos algo» para que las cosas sean mejores. Por otra parte, cuando a los padres se les sugiere que castigar es inútil, con bastante frecuencia reaccionan de un modo instintivo: «¡Pero no puedo consentir que continúe así, tengo que hacer algo!»

Si no estuviéramos atrapados por el juego de poder que se nos inculcó en la infancia, optaríamos más por las sanciones que por los castigos.

Una sanción es la consecuencia lógica de una transgresión. Sólo puede ponerse si la regla lo dice de manera explícita. No podemos reñir a un niño que no sabía que no podía cortar las cortinas. La segunda vez, sí. La sanción responsabiliza al niño, moviéndole a darse cuenta de las consecuencias de sus actos. La mejor sanción es una reparación (limpiar la mancha del mantel, restablecer la confianza, repintar la pared, etc.). Proporcionada y directamente relacionada con el error o la transgresión, la sanción no arremete contra la culpa ni contra el culpable, sino que tiende a evitar la vergüenza y a permitir que el niño sea capaz de tolerar un cierto sentimiento de culpabilidad.

Nunca castigo:

1. *Porque me da miedo que mi hijo ya no me quiera.*
2. *Porque aplico sanciones que fomentan la responsabilidad y son reparadoras = Pase directamente a la página siguiente.*

Cuando castigo es porque:

1. *No sé diferenciar sanción de castigo.*
2. *Porque es la única cosa que me enseñaron.*

3. *Porque es lo que yo sufrí cuando era niño, y además creo que era por mi bien.*

¿Les impongo a mis hijos los mismos castigos que recibí en mi infancia? ¿Cuáles? Me tomo tiempo para observar cómo me comporto realmente cuando llega el caso y para reflexionar sobre esta cuestión, cuya respuesta, en resumidas cuentas, no es tan evidente.

Reflexiono sobre tres infracciones que mi hijo ha cometido últimamente. ¿Qué sanción reparadora habría podido ponerle?

Valoro la diferencia entre sanción y castigo.

13

¡Es insoportable!

«¡Me exaspera!»

«Es vago, agresivo, débil, egoísta, cerrado, timorato...»

«Es así, es asá...»

Diez adjetivos para describir a mi hijo:

-
-
-
-
-
-
-
-
-
-

¿Cuáles son aquellos que, si soy honrado conmigo mismo, también puedo atribuirme?

¿Cuáles son los que se oponen completamente a mis valores? Por ejemplo, «perezoso», si he basado mi vida sobre el valor trabajo.

Cuando no soporto el carácter de un niño, ¿qué es lo que eso dice de mí?

El carácter es la suma de nuestras costumbres emocionales, relacionales y comportamentales. Mi hijo ha adquirido estas costumbres en contacto conmigo...

¿Acaso mi propio nerviosismo no tendrá algo que ver con el hecho de que sea como es?

¿Acaso se parece a mí mismo cuando era pequeño, o a uno de mis hermanos o hermanas? O al contrario ¿no será que es demasiado diferente? ¿Haría cosas que yo nunca me atrevería a hacer?

Me interrogo: ¿No lo habré condicionado inconscientemente a que sea como es porque siempre lo he considerado de este modo?

¿Es posible que dentro de mí anide una expectativa inconsciente susceptible de suscitar semejantes hábitos de comportamiento?

¿Acaso estoy resentido con él por no haber conseguido ser el padre que me hubiera gustado ser?

Un juicio disimula una emoción o una necesidad. Un adjetivo, que al principio no es más que un resumen del pensamiento, enseguida se convierte en una etiqueta y, en consecuencia, en un juicio.

Tomo nota de las emociones y necesidades de mi hijo en vez de juzgarlo.

Transformo cada uno de los adjetivos de mi lista en una frase.

«Tímido» puede llegar a significar «tiene miedo de los demás» o «no le gusta que lo fuerce a saludar a personas a las que no conoce».

«Perezoso» puede convertirse en «no quiere parecerse a mí, me planta cara, está furioso contra mí», o también: «no se entiende bien con sus profesores, como sus notas son catastróficas le han dejado por imposible; este sistema de enseñanza no le va bien», o incluso: «como fue víctima de acoso por parte de otros chicos del colegio, el sacar malas notas le permite integrarse»...

No sólo los calificativos ponen etiquetas que a nuestros hijos les puede costar mucho arrancarse más tarde, sino que, además, nos alejan de ellos. Es más difícil querer a un «perezoso» que a un niño que sufre y que, para solucionarlo, lo único que se le ha ocurrido es dejar de trabajar, o también a un niño que por este conducto intenta oponerse a sí mismo.

Compruebo hasta qué punto el hecho de estar atento a las emociones y necesidades de mi hijo me da muchas más oportunidades para ayudarlo a modificar su comportamiento que los adjetivos, los juicios y las etiquetas.

14

Gestionar los accesos de cólera

Me vienen ganas de tirarlo por la ventana, de aniquilarlo...

Tenemos derecho a tener ganas de hacer esas cosas, pero, como es lógico, ¡no a ponerlas en práctica!

«La última vez, lo tiré contra la pared y no quiero hacerlo más. No quiero seguir pegándole.»

«Abofeteé a mi hija cuando me plantó cara, y después me sentí muy mal conmigo misma.»

«Le grité a mi hijo; le dije unas cosas horribles..., y ahora me siento muy mal.»

¿Alguna vez le ha sucedido algo parecido?

No hace mucho sentí una pulsión agresiva respecto a...

Exterioricé la violencia que llevaba dentro por medio de:

- *gritos;*
- *golpes;*
- *palabras duras;*
- *una reacción de aislamiento;*
- *desprecio;*
- *la necesidad de dominar, de controlar;*
- *una pulsión sexual;*
- *otros...*

¿Cuál era el detonante? ¿En qué razonamiento me basaba para actuar?

A veces lo insulto y le pego...

Los insultos y los juicios son proyecciones de nuestras emociones sobre el otro. Son afirmaciones de poder sobre nuestro hijo para no tener que entrar en contacto con nuestros sufrimientos ocultos.

Menospreciar al otro para evitar sentirse excesivamente inferior, rebajarlo para considerarse poderoso, controlarlo para contrarrestar el sentimiento de impotencia, etc., son algunas de las dinámicas que se suelen poner en práctica. Así pues, nuestro propio sentimiento de impotencia es el que tiene que curarse.

¿Yo mismo escuché palabras que hubieran podido herirme?
En mi vida como persona adulta, de parte de:

- *Mi cónyuge.*
- *Mi suegra.*
- *Mis padres.*
- *Un amigo.*
- *Un médico.*
- *Otros...*

¿Y en mi infancia?

¿Qué desvalorizaciones escuché en mi infancia? ¿Cuáles eran los insultos favoritos de mi entorno? Me acuerdo de aquellos términos supuestamente afectuosos: «la gordi», «el enano»... ¿Qué sentía? ¿Cómo me protegí? ¿Cuáles incluyo todavía en mi vocabulario?

¿Recibió castigos corporales en su infancia?

¿Qué tipo de golpes? ¿Pequeñas palmadas, bofetadas, azotainas, patadas, golpes propinados con una regla, un sacudidor, un cinturón, un látigo, una fusta?

¿A qué edad?

¿Que decían sus padres para justificar los golpes?

Nada justifica que se golpee a un niño. Piense en cuánto daño le hizo eso a usted.* Tiene todo el derecho del mundo a estar enfadado con sus padres; su enfado no los destruirá; sino todo lo contrario, le ayudará a dejar de creer que es un ser indigno y que los golpes valen para algo...**

¿Si reflexiono sobre ello ahora, qué es lo que verdaderamente ha motivado mi impulso violento?

Me he sentido...

- *impotente*;
- *desbordado*;
- *sin argumentos*;
- *aterrorizado*;
- *cuestionado*;
- *atacado*;
- *herido*;
- *humillado*;
- *atrapado*;
- *forzado.*

¿En qué época de mi infancia habría podido vivir estos sentimientos?

La violencia surge de modo automático. «Se me fue la mano sin darme cuenta», en un impulso de dominación o como una tentativa de recuperar el control. Puede expresarse por medio de golpes, palabras duras, rechazo o desprecio. A menudo, la ver-

* Para avanzar por este camino de curación, encontrará más ayuda en mi obra *Te odio, te quiero, las relaciones entre padres e hijos*, Kairós, 2005.

** Para profundizar más, puede leer los artículos de Olivier Maurel en: http://www.editions.harmattan.fr/index.asp?navig=auteurs&obj=artiste&no=1235. Observatorio de la Violencia Educativa ordinaria: http://www.oveo.org

dadera razón de la exasperación está escondida. El padre se ha sentido —o, más bien, ha querido evitar sentirse— impotente, desbordado, sin argumentos, aterrorizado, cuestionado, atacado, herido, humillado, atrapado, forzado, etc.

Si está nervioso, al límite de sus fuerzas o exasperado, tome conciencia de la violencia que anida en su interior y de su tono de voz... En la medida de lo posible, deje a su hijo con otra persona.

Cuando se está agotado, el verdadero coraje consiste en atreverse a pedir ayuda. Es inútil dejar que la situación empeore hasta que perdamos el control. Cuando los padres tienen la posibilidad de ser dos, pueden utilizar un código, como, por ejemplo, gritar «¡Relevo!» para poner en marcha la intervención inmediata del otro. Dejar al pequeño con otro durante unas horas o unos instantes puede evitarnos cometer actos de los que luego nos arrepentiríamos. Cuando se está solo, podemos pedir ayuda a una amiga, un vecino, a los abuelos, etc. También podemos hablar con una tercera persona, o telefonear a una amiga, y no forzosamente para hablar de la situación, sino simplemente para darnos la oportunidad de recuperar el control sobre nosotros mismos. Cuando uno nota cómo le hierve la sangre, es hora de salir, de ver otras caras, de hablar un momento con un comerciante, etc., para hablar de todo y de nada, del color de las verduras, etc. ¡Venga, a la sillita! Además, los otros interactuarán con su hijo. Y si le cuesta tener que oír continuamente frases del tipo de «¡qué mono es!», atrévase a decir «estoy enfadada con él, he salido porque no podía más, necesitaba hablar con otras personas. ¿De dónde ha dicho que son estas zanahorias?» Sí, vale más derivar, pasar rápidamente a otro tema. ¡En nuestra sociedad hay poca gente que sepa detectar el desasosiego...! Así pues, si usted no dirige rápidamente su atención hacia una conversación que les resulte fácil de seguir, dichas personas pueden llegar a sentirse mal, y, posiblemente, acabarán culpabilizando a ese «¡niño tan feo que tanto trabajo da a su mamá!», y todo tipos de cosas que usted no tiene ni ganas, ni necesidad de oír. No obstante, si tiene la suerte de encontrarse con una persona empática, ya verá cómo, sin que nadie se lo diga, se dará cuenta de lo que usted necesita: «A veces, el día a día con los hijos es muy duro».

Cuando hay una urgencia...

Las siguientes propuestas no siguen un orden determinado, usted verá cuál es la que mejor le conviene en cada situación; son un abanico de herramientas y opciones que tendrá que llevar siempre consigo.

- *Respiro profundamente tres veces, imagino que envío el aire hasta la parte baja de la columna vertebral.*
- *Se impone refugiarse en el cuarto de baño... Refrescarse la cara con un poco de agua y respirar profundamente con los pies bien apoyados cobre el suelo, imaginando el trayecto que recorre el aire hasta llegar al sacro.*
- *Llamo por teléfono a un amigo(a).*
- *Siento el contacto del suelo bajo mis pies.*
- *Si mi ira no es demasiado grande y si controlo mis gestos, toco a mi hijo. Dependiendo de la edad que tenga, lo cojo en brazos, lo siento sobre mis rodillas, o pongo mi mano sobre su brazo... Cuando lo toco, presto atención a las sensaciones que dicho tacto me produce. No lo toco para calmarlo, aunque es posible que también tenga ese efecto, sino para que mi ritmo cardiaco disminuya. También puedo acariciar al perro, tocar un objeto (no; los cigarrillos no sirven), manteniéndome atento a las sensaciones de mis dedos.*
- *Evoco mentalmente un momento de alegría y de amor vivido junto a mi hijo. Quizá el deslumbramiento que me produjo*

su nacimiento, quizá el último regalo del Día de la Madre, quizá un «te quiero» dicho con mucho amor... Cojo a mi hijo en mis brazos, físicamente si es pequeño y mentalmente si ya es un adolescente (aunque los adolescentes, y hasta los adultos, a veces también necesitan que les mimen).

- *Cierro los ojos y tomo conciencia del amor que le profeso... Y aunque al hacerlo es posible que me entren ganas de llorar, la puerta del amor se habrá abierto. No tengo a mi hijo en mis brazos durante demasiado tiempo. Tan pronto como ambos nos hemos calmado, dirijo su atención hacia otra cosa, hacia el juego o hacia una actividad. Hasta cuando lo mimo mentalmente, lo visualizo, por ejemplo, dirigiéndose hacia sus amigos.*

¿Estallo en plena calle?

Abordo a un transeúnte, a un comerciante, a cualquier persona. Hablo con alguien, de todo y de cualquier cosa. El solo hecho de intercambiar opiniones con otro adulto hará que mi exasperación disminuya. No es necesario que me extienda sobre lo que me pasa. Bastará con hablar del tiempo.

Dejo que mi pequeño berree a mi lado mientras intento volver a centrarme. Pero si me resulta demasiado difícil, no vacilo en pedir ayuda.

Aunque la mayoría de las veces los transeúntes no se atrevan a intervenir no es porque no deseen hacerlo. Un «¡Ayúdeme!» debería bastar para que la persona que pasa por nuestro lado se ponga en cuclillas junto al pequeño «aullador» y le hable. La intervención de un tercero es mágica. Entonces, ¿por qué no recurrir a ella? ¿Le da miedo el qué dirán? Sólo le juzgarán las personas que se sienten impotentes para ayudarle. Pidiéndoles ayuda, haremos que se impliquen y que se sientan útiles, y no nos juzgarán.

Una vez he recuperado el control, me formulo la siguiente pregunta:

«*¿Cómo me siento?*», *y con toda sinceridad, le dirijo la respuesta a mi hijo, no olvidando que el sujeto soy yo; es decir, hablándole en primera persona.* (*Estoy nerviosa/o, no sé qué hacer, tengo miedo, etc.*).

La pregunta siguiente será «*¿Qué necesito?*» Pero la respuesta puede ser un poco laboriosa de encontrar. Con frecuencia, lo que primero se nos ocurre suele ser: «¡Lo que necesito es que se calle. Que cambie de actitud, que trabaje...!» Ahora bien, lo que *yo necesito* sólo me concierne a mí y no al otro...

Analizo

1. *¿Mi ira es proporcionada?*
2. *¿Es apropiada?*
3. *¿La expresión de mi emoción es productiva?*

Si respondo a las tres preguntas con un SÍ, lo digo, si no, profundizo un poco más en el análisis.

Algunas claves para comprobar si la emoción es proporcionada:

- Es proporcionada si permite que el niño capte mi enfado sin que ello le haga tenerme miedo. (Evidentemente, algunos niños están tan acostumbrados a los gritos de sus padres que ya no les dan miedo, aunque ello no significa que la cólera paterna sea proporcionada.)

  La cólera es proporcionada si está justificada (para nosotros, nuestra cólera siempre está justificada, pero si miramos bien...) y directamente relacionada con el problema.

- Es desproporcionada en cuanto pasa a ser violenta o acusadora, en cuanto intenta hacer daño.

Mi cólera está justificada:

- Si me hirieron, me sentí frustrado, invadieron mi territorio, o fui víctima de una injusticia. Mi cólera es, pues, apropiada si mi hijo coge mi ropas y la mancha, pero no si no se acaba su plato de judías verdes, excepto si se ha servido más cantidad en mi detrimento.
- Si el problema me afecta directamente. Mi cólera está justificada si mi hija pisa con unos zapatos llenos de barro el suelo que acabo de fregar, porque entonces el problema es **mío**, pero no si saca un dos en matemáticas, ya que en ese caso es **su** problema, un problema para el que mi papel consiste en ayudarla.

Si es excesiva, mi cólera puede ser:

- El resultado de un cúmulo de cosas: «Te lo he repetido más de veinte veces...»; pero repetir no es una buena solución, si el niño no cambia, es porque algo se lo impide. Puede que el comportamiento en cuestión quede fuera de su control (por ejemplo, balancearse en la silla, comportarse de un modo hiperactivo, sacar malas notas, etc.), y entonces lo que necesita es que le ayuden. Mi cólera lo heriría inútilmente.
- Una proyección sobre mi hijo de la cólera que nos provoca otra persona. ¿Contra quién podría sentir cólera? ¿Acaso me siento frustrado o injustamente tratado en el trabajo, en mi pareja o en otra parte? ¿Me he sentido herido en mi imagen? ¿Contra quién estaba furioso en realidad? Y entonces o bien me decido a manifestar mi enfado a la persona en cuestión, o bien, si no es apropiado o no puedo hacerlo, me sincero con una persona de confianza. Una vez haya compartido mis sentimientos de frustración o de injusticia, me

sentiré tan aliviado que ya no necesitaré seguir descargando mi ira en mi hijo.

- La descarga de una emoción reprimida hasta ese momento. ¿Qué es lo que había pasado hasta ese momento? Libero esa emoción reprimida, o por lo menos me doy cuenta de que lo hago y hablo de ello con una persona de confianza.
- La transformación de un temor que concierne, o no, al niño, y que hasta puede no tener nada que ver con él... Identifico mis temores y me hago responsable de ellos. Hablo de este tema con una persona de confianza. No quiero seguir viviendo con miedo para no arriesgarme a sufrir de nuevo un ataque de cólera completamente injustificado.
- Una consecuencia de mi agotamiento físico y/o moral. Me doy cuenta de mi estado de *burn-out*. Busco ayuda con urgencia. ¡Una ayuda material, concreta, lo más deprisa posible! Si mi agotamiento es sobre todo físico, acepto la ayuda de los demás. Si mi agotamiento es de orden moral, hablo con una persona de confianza sobre lo que estoy pasando y lo que me agota. Identifico mis necesidades. Establezco prioridades. Le pido al otro padre que participe, y, en su ausencia, recurro a otra persona, a un familiar o un amigo.
- Vinculada a la manifestación de un síndrome premenstrual. Me bebo una infusión de salvia... y dejo que pase la tormenta, siendo consciente en todo momento de su origen hormonal. ¡Mi hijo no tiene la culpa!
- El despertar de una emoción de mi pasado. ¿A la misma edad habría hecho lo mismo que mi hijo, o me habría sentido tentado a hacerlo, pero sin llegar a atreverme a ello? ¿Qué habrían dicho mis propios padres si de pequeño me hubiera comportando de ese modo que ahora me ha puesto tan furioso? Para estar en condiciones de no dejarnos llevar por esos actos automáticos, ha llegado el momento de buscar su origen.

15

Superar los actos automáticos del pasado

A. *Escribo mi reacción del modo más preciso posible. Por ejemplo: le dije, gritando, «¡Pedazo de idiota!»*
B. *Escribo los sentimientos, las palabras que van con... Ante el papel, me relajo, y digo todo lo que no me atrevería a decir a mi hija. Para ayudarme, me digo que en adelante me sentiré más vinculado con mi propia historia. Por ejemplo: me sentí traicionado, indefenso, ninguneado, tenía ganas de pulverizarla...*
C. *Identifico el detonante: ¿Qué ha pasado exactamente, en qué momento, qué interpretación de qué comportamiento ha suscitado mi ira? Ejemplos de detonantes: me ha mirado a los ojos / ha bajado los ojos / me ha dado la espalda / me sentí impotente / pasó por delante de mí.*

Contemplo ese detonante. ¿Qué me recuerda? ¿Qué evoca en mí? Me repito muchas veces el detonante poniendo «me» en el lugar del sujeto. Por ejemplo, en vez de «Mi hijo me dice que soy mala», «Me dicen que soy mala». La cuestión siguiente es «¿Quién me ha dicho o dado a entender que era mala?»

Vuelvo al punto A. ¿Mi reacción se parece a una de las que tuvo uno de mis padres? ¿Un hermano o una hermana mayores que yo, un abuelo, u otra persona de referencia de mi infancia? ¿O es una reacción que me resultaba familiar cuando era joven?

Miro lo que he escrito en B. ¿Son sentimientos o ideas que me resultan familiares?

¿Cuándo los experimenté?

Una vez haya identificado las motivaciones efectivas de sus accesos de cólera, ya no sentirá un furor tan desmesurado contra su hijo. Algunas excusas y una explicación sobre lo que ha sucedido y lo que cada uno de ustedes ha sentido, bastarán para restablecer la relación entre ambos.

16

¿Cree haber cometido lo irreparable?

Que alguien se comporte de un modo violento no implica que ello sea irreparable. Pensar que se ha cometido algo irreparable nos impide restaurar la relación. Para repararla, la primera etapa consiste en tomar conciencia de lo que se ha hecho. Naturalmente, aceptar que uno ha sido violento es difícil, por lo que tendemos a minimizar nuestros actos, a acusar a nuestros hijos, etc.

Después se trata de comprender lo que realmente ha motivado nuestro comportamiento, con independencia de cuál haya sido el detonante concreto. Necesitamos hacerlo para liberar a nuestra víctima del peso de la culpa.

Luego, tenemos que ser capaces de darnos cuenta de lo que ha podido sentir nuestra «víctima». Más que excusas, necesita empatía y explicaciones. La víctima tiene derecho a estar furiosa contra nosotros, y necesita un poco de tiempo para contactar con sus emociones y para atreverse a formular hasta qué punto ha tenido miedo, se ha sentido herida y está furiosa. Démosle este tiempo. Después, sólo nos quedará explicarle lo que nos ha pasado.

Las explicaciones le ayudarán a dejar de sentirse responsable de nuestros accesos de ira. La mayoría de las veces este intercambio será suficiente para reparar el daño causado, a condición de que valoremos verdaderamente la herida y las emociones del hijo sin minimizarlas, sin buscar excusas o sin intentar justificarse.

Marque con una cruz su actitud más habitual:

A. *Sé tomarme un tiempo para comprender y valorar el daño causado; no dudo en volcarme en reparar nuestra relación.*

B. *Pido excusas y paso a otra cosa.*

C. *Reconozco haber actuado de un modo desproporcionado, pero me niego a pedirle excusas a un hijo mío.*

D. *No sé cómo excusarme.*

E. *¡Ni hablar de pedirle excusas. El que tiene que excusarse es él!*

Si ha marcado:

A: Usted está en contacto consigo mismo y con él. Su hijo sabrá que puede confiar en usted.

B: ¿Qué está intentado evitar?

C: Todavía es prisionero del juego de poder. Probablemente, aún no ha descubierto que su ira es un reflejo de su propia historia. Quiere conservar el poder sobre su hijo tal como sus padres lo hicieron con usted, y aún más porque se da el caso de que se siente impotente. Es como si así se vengara de su historia. Valore hasta qué punto en realidad la ira que siente es contra sus padres. Ha de saber que, probablemente, a su hijo no lo podrá engañar. Si aún es pequeño, es posible que le dé la impresión de que su actitud es eficaz porque le tendrá miedo y, en ese caso, es posible que usted lo interprete como un resultado positivo; sin embargo, en realidad lo que ocurre es que sólo ha logrado someterlo. Y si ya es mayor, se dará cuenta de que usted carece de seguridad interior. Pero en ambos casos, su hijo sabe que no puede confiar en usted.

D: Del modo más sencillo posible, centrándose en él y sobre lo que ha podido sentir por causa de su acceso de ira, explíquele lo que le ha pasado: «Perdóname, me doy cuenta de lo mal que has debido de sentirte después de que te grité de ese modo; quizá hasta hayas llegado a tener miedo de mí... Mi reacción ha sido exagerada. De hecho, ya estaba furioso(a) antes de gritarte. Tuve un día muy difícil en el trabajo (si ese es el caso, pero no invente) y volví a casa muy enfadado(a), y cuando te vi dejar el abrigo sobre la silla, estallé. Es verdad que habrías podido colgarlo en la entrada, pero mi reacción fue desproporcionada». ¿Le parece largo? Es posible, pero sólo le robará un poco de tiempo, ¡un tiempo que recuperará con creces más adelante!

E: Usted todavía está furioso(a). Si su ira aún está activada y enfocada contra su hijo, tómeselo como una señal. O bien siguen existiendo zonas oscuras, o bien usted ha minimizado la importancia de una emoción. ¿Qué habría sentido un niño en la misma situación que usted vivió en el pasado? Tristeza, cólera, espanto, desesperación, asco, etc. Sí, es posible que usted sintiera todo eso. Y quizá cuando era pequeño no tenía ni el derecho ni la posibilidad de expresarlo, por lo que dichas emociones todavía están inscritas en usted.

Cada vez que nos dejamos llevar por un gesto violento, no sólo herimos a nuestro hijo, sino que sojuzgamos un poco más al Niño que un día fuimos.

Cuando herimos a nuestros hijos, también nos estamos hiriendo a nosotros mismos, y cuando les enviamos un mensaje de amor, nosotros también nos sentimos llenos de amor. Si un día nos vemos tentados a dejarnos llevar por un impulso de odio, siempre podremos elegir entre enviarle un mensaje de amor o un mensaje hiriente. Es fundamental acordarse de que podemos elegir. Pero cuando los impulsos de odio son demasiado fuertes, cuando la persona ya no puede controlar su rabia, cuando cree que no puede cambiar su actitud respecto a su hijo, tiene que consultar urgentemente con un especialista.

Sólo un psicólogo está capacitado para examinar la raíz de nuestros comportamientos. Este profesional sabrá cómo ayudarnos.* A veces nos sentimos muy tentados a decirnos: «Es algo pasajero, cuando crezca las cosas irán mejor, no es tan grave». ¡Pero sí que es grave! Es grave para nuestros hijos, para nosotros, para nuestra pareja, para nuestro presente, y para nuestro futuro y el de nuestros hijos.

Y aunque podamos decidir no hacerlo, lo cierto es que es una pena que no seamos más felices, cuando en nuestras manos está el serlo y que no tengamos una buena imagen de nosotros mismos en tanto padres. Nuestro pasado no es tan difícil de curar. No dejemos que invada la relación que tenemos con nuestros hijos.

---

* Actualmente existe una importante oferta en términos de gabinetes psicológicos. Cada tipo de terapia tiene sus propias indicaciones. Algunas de las personas que se dedican a ello han recibido una formación sólida, y, otras, no. A la hora de seleccionar, por desgracia los diplomas no son referencias fiables. Acuda a ver al menos a tres profesionales distintos. Esté atento a sus impresiones. Un buen psicólogo(a), es alguien que sabe escucharle, alguien a cuyo lado se siente seguro(a), por supuesto, pero también es una persona sólida a la que los padres de usted no le darían miedo.

17

No consigo querer a mi hijo

Algo ha impedido, o todavía impide, que el amor hacia mi bebé se desarrolle con normalidad. Para superar ese obstáculo, escudriñemos un poco:

Identificación del bloqueo

¿Qué o quién me lo impide?

¿Entre estas seis posibilidades, cuál es la que me concierne más?:

1. *Mi pasado / nunca me sentí querido(a).*
2. *No es mi bebé, es el bebé de mis suegros / de mis padres.*
3. *Las circunstancias de su concepción o su nacimiento.*
4. *La actitud de su padre.*
5. *Es difícil quererlo (por su carácter, por una discapacidad...)*
6. *No sé por qué.*

Algunas pistas para levantar el bloqueo en cada caso:

Según lo que haya marcado, vaya al número correspondiente.

1. *Ya hemos explicado cómo realizar el ejercicio de la curación del niño interior (véase la p. 291).*

2. *Coloco mentalmente a mis padres o a mis suegros delante de mí, puedo utilizar una foto suya, y me entreno en decirles NO. Aunque concibiera a ese bebé pensando en darles gusto o sometiéndome a su deseo, hoy me hago cargo de mi papel de padre/madre, y les digo que el bebé es hijo mío y no de ellos. Concretamente, puedo distanciarme un poco de ellos, el tiempo necesario para volver a llevar las riendas en la relación con mi hijo. Le hablo, tanto si es un bebé de dos días o una criatura de tres años, y le explico en qué circunstancias lo he traído al mundo, y cómo quiero que sea nuestra relación a partir de ahora. Es un nuevo punto de partida para un vínculo nuevo.*
3. *Identifico mis sentimientos, mis emociones y mi ambivalencia en el momento de su concepción, su nacimiento, o en cualquier otra circunstancia que ha desestabilizado mi relación con él. Probablemente hay alguien contra el que estaba furioso sin que, posiblemente, jamás me haya atrevido a reconocerlo... ¿Contra quién? Le escribo: «Te reprocho que...», y al hacerlo me siento libre. Un día, cuando esté listo, le escribiré o le hablaré de mis vivencias, pero esta primera carta de liberación quedará en nada. Miro cómo mi cólera va quemándose poco a poco. Acepto que mis emociones interiores se apacigüen, y luego miro atentamente lo que ha cambiado en la relación con mi hijo.*
4. *Identifico la ira que siento contra mi pareja y la asumo. Que su actitud me vaya bien o no, no es justo que deje que ello influya en la relación con mi hijo.*
5. *¿Qué me evoca su diferencia, su particularidad? ¿Es difícil física y emocionalmente? ¿Se trata de un problema con la imagen que tengo de mí mismo? ¿Recibo bastante apoyo?*
6. *Continúo la introspección. ¿Qué es lo que menos me gustaría descubrir?*

18

Le escribo a mi hijo

Para empezar, resultará útil escribirle una carta que nunca le enviaremos. Poner las cosas sobre el papel le ayudará a clarificar sus emociones. Para ser capaz de amar, es importante sacar todo el veneno que se lleva dentro. Si no, el veneno contamina el amor y no logramos querer de verdad, y de nada vale sentirse culpables o tener vergüenza. Tenemos que enfrentarnos a la realidad.

Tengo derecho a expresarle mi ira (sobre el papel). Me dirijo a él(ella), pero sin que esté físicamente presente.

Por ejemplo: «Te guardo rencor por haber nacido. Por causa de tu nacimiento tu padre se fue...» Quemo esa primera carta. Escribo una segunda, y luego quizá una tercera, hasta que, al releerlas, compruebe que todas las acusaciones han desaparecido y sólo permanecen mis emociones.

En esta primera parte le cuento todo; le hablo de los obstáculos que me han ido alejando de él, y de cuánto ansío restablecer el vínculo que nos une y de aprender a quererlo.

Luego intento valorar sus vivencias. «Debes de haberte sentido aterrorizado, abandonado, solo... Me doy cuenta de cuánto he debido de fallarte y asumo tu ira contra mí.»

Asumo su ira

Haya hablado a mi hijo directamente, o no, después de haber hecho lo arriba expuesto, le autorizo a exteriorizar la ira que siente contra mí. Y lo más seguro es que lo haga. Quizá no directamente, sobre todo si es pequeño, pero es indudable que exteriorizará su furor con frecuencia. Lo escucho: «Comprendo que estés furioso, tienes derecho, te he fallado tanto...»

A pesar de que esta etapa es fundamental, nos la saltamos con demasiada frecuencia porque nos resulta incómoda.

Vuelvo a tocar a mi hijo con ternura

Aprovecho todas las ocasiones para contactar físicamente con mi hijo. Y cuando lo toco —da igual que lo coja en brazos si es un bebé, o que sienta su hombro contra el mío mientras vemos la tele juntos si ya es mayor—, respiro y me prolongo en su interior mientras le hago un hueco dentro de mi ser.

Reparo y corrijo

Siempre es posible proseguir la etapa de desarrollo. Siempre es necesario hacerlo. Por ejemplo, si no supe hacer frente al período del NO, aumento el número de opciones y propongo cosas respecto a las que sé que mi hijo va a decir que no. Lo empujo a que se me enfrente proponiéndole cosas que no le gustan. «¿Quieres venir conmigo al supermercado?»

Siempre hay tiempo de curar el pasado. ¿Se han dado cuenta de que su hijo carece de confianza en sí mismo, o mirando las cosas con perspectiva, se han percatado de que han sido particularmente severos, despegados, o incapaces de darle lo que necesitaba en un determinado período de su crecimiento? Todavía están a tiempo de repararlo, de hablar de ello, de reconocerlo, y de escuchar las quejas de su hijo y sus frustraciones, pero sobre todo de repararlo. De darle lo que no supieron darle en su día: contacto físico, ternura, palabras de cariño, estímulos, permisos, protección, opciones y ocasiones de enfrentarse a ustedes...

19

Me llena de reproches

Nuestro hijo está furioso, y de repente una frase estalla en el aire: «¡De todos modos, tú nunca me has querido!»

¡Para el padre es como una ducha fría! La adolescencia no sólo es una época de gran desajuste hormonal, sino que también es un período de reorganización psíquica, en el que vuelven a salir a la luz las heridas del pasado y las emociones enterradas. Para el padre no resulta sencillo seleccionar dichas emociones, sobre todo cuando a él tampoco le ha ayudado nadie. Los adolescentes que se sienten especialmente mal tienden a acallar las emociones que bullen en su interior a través de todo tipo de medios más o menos legales, como las autolesiones y el dolor físico para no sentir el dolor moral. Asimismo, la anorexia, la bulimia y el abuso de estupefacientes son otras tantas estrategias para dejar de sentir.*

A veces, nuestros hijos no dicen nada, se alejan, y, en cuanto son adultos, se marchan a vivir lejos. Sus opciones de vida son completamente opuestas a las de sus padres. Hay varias maneras de alejarse de los padres, podemos alejarnos de ellos físicamente, afectivamente, intelectualmente, económicamente, moralmente...

Cuando nuestros hijos son adultos, podemos tener la impresión de que hemos terminado nuestra labor, pero no es así, toda-

---

* Estoy simplificando; aquí no nos centramos sobre ellos, sino sobre lo que nos atañe a nosotros en tanto padres.

vía ejercemos una gran influencia sobre ellos, la cual puede ser consciente o inconsciente.

A veces sucede que nuestros hijos hacen saltar por los aires los puentes que les unen a su familia, y, una vez casados y convertidos en padres o madres, se niegan a mantener cualquier clase de contacto con nosotros, no permitiéndonos tan siquiera que veamos a nuestros nietos...; sin embargo, no lo hacen porque sí, sino porque hay cosas que se han mantenido en silencio y que todavía socavan la relación entre nosotros y ellos.

En vez de defenderme o de justificarme, intento saber qué le pasa a él/ella. Me observo desde una cierta perspectiva: ¿Cuál es o ha sido mi realidad? ¿Cómo he querido a mi hijo? ¿En qué momento he podido dejarme invadir por reacciones emocionales que posiblemente me habrán hecho escatimar la atención que mi hijo merecía, algo que es posible que él haya interpretado como una falta de amor por mi parte? (muerte de un ser querido, miedo, depresión...).

Acepto pensar en la verdad que hay en lo que él o ella dice. ¿Cómo y en qué momento pudo llegar a tener la impresión de que yo no lo quería? ¿En qué momento no supe protegerlo? ¿Qué es lo que ha podido faltarle para que creciera tranquilamente? ¿Qué es lo que pudo hacerle daño?

¿Es posible que haya optado por dar preferencia al poder que tenía sobre él en vez de estar atento a sus necesidades?

¿Es posible que haya estado más atento a mis propias ideas educativas que a sus necesidades afectivas?

¿Es posible que haya intentado acallar sus emociones en vez de escucharlas?

¿Qué hechos determinaron mis actos? ¿Mi historia, mi madrastra, el pediatra, mi cónyuge, un libro, o las necesidades de mi hijo y las mías propias?

20

Le hablo a mi futuro hijo

¿No supo o no pudo hablarle a su hijo cuando aún estaba en su seno? Que su «pequeñín» tenga ahora cuatro o cuarenta años, da lo mismo. Como es lógico, usted no tiene por qué salir corriendo para hablarle personalmente, sino que puede simbolizarlo por medio de un peluche o un cojín (tenga cuidado de no utilizar el mismo cojín que le sirve para descargar su cólera), o escogiendo una foto de cuando estaba embarazada, una ecografía o haciendo un dibujo suyo... Puede poner dicho símbolo encima de sus rodillas o colocarlo frente a usted, según lo que le sea más cómodo. Háblele primero a la mujer o al hombre que era entonces, y trasmítale su compasión y su empatía respecto a lo que estaba viviendo. Luego, vuelva a ser la joven mujer de entonces y háblele a su futuro hijo. Es muy posible que le entren ganas de llorar. Deje que sus lágrimas fluyan libremente, deles la bienvenida, ya que de nada le servirá rechazarlas. Si hacen acto de presencia, es porque estaban allí, dentro de usted. Y las lágrimas que no se sacan afuera causan mucho daño dentro. Naturalmente, no tiene ninguna obligación de hablarle a su hijo de este trabajo de reconciliación que lleva a cabo consigo misma, ni de la ambivalencia que sentía respecto a él cuando aún era un feto. Probablemente percibirá un cambio en su relación; quizá no sea una gran transformación, pero sí notará que entre ambos hay un poco más de libertad, ternura, proximidad e intimidad. Sus reacciones le darán menos miedo. Todo lo que usted consiga poner en claro respecto a sí misma, le servirá para aclarar la relación entre ambos.

Asimismo, puede suceder que a usted su madre nunca le hablara cuando estaba en su vientre. Si es así, imagínese como el pequeño ser que era cuando estaba dentro del útero de su madre y, en su calidad del adulto que es hoy, diríjale mentalmente las palabras y la ternura de que careció en aquella época. Es libre de mimar a su niño interior tanto como lo necesite. Si lo hace, después le será más fácil hablar al bebé que lleva en su seno.

Los científicos han demostrado que el niño oye a su mamá aunque ésta le hable con el pensamiento, y, como es lógico, también la oye si le habla en voz alta. Le gusta escuchar las vibraciones de la voz de sus padres, y, además, a ellos eso les ayuda a clarificar sus pensamientos. El lenguaje obliga a poner unas palabras detrás de otras. El hecho de hablar propicia poner los pensamientos en orden. Hablarle a su feto no sólo será útil para él, sino también para usted, a fin de facilitarle las cosas y para que se atreva a pronunciar lo indecible; si no lo hace, estará poniendo trabas a una buena relación con su bebé, primero, y, con el tiempo, con su hijo ya mayor.

Le hablo a esa pequeña vida que crece dentro de mí. Le hablo de todo y de nada, de mí, de él, de mi historia y de la suya.

¿Le parece difícil? Algunas veces puede darse el caso de que nos dé tanto miedo lo que podemos llegar a descubrir en nosotros mismos, que preferimos no saberlo. La ambivalencia, es decir, el hecho de experimentar sentimientos contradictorios, es algo natural. Sin embargo, como apenas se nos permitió expresar lo que estábamos viviendo, ni pasar por la experiencia de vernos aceptados con nuestras cóleras o nuestros miedos, a menudo nos sentimos tentados a juzgarnos: «Si estoy resentida con mi bebé, es porque soy una mala madre».

Nos gustaría que en nosotros sólo hubiera lugar para el amor y la ternura..., pero eso no es real; somos humanos, y tenemos un pasado y una historia no sólo con sus riquezas, sino también con sus heridas. Nuestra situación marital, familiar o profesional no tiene por qué ser forzosamente fácil. Resumiendo, tenemos todo tipo de razones para no ser más que amor, y ciertamente el amor y la ternura existen, PERO TAMBIÉN el miedo, la cólera, la frustración, etc. Necesitamos tomar conciencia de todas estas emociones, ya que, si no, nos arriesgamos a sabotear el amor.

Hablar permite contemplar todo eso, aceptarlo y superarlo para no dañar la relación con nuestro hijo.

21

Le explico cómo fue su nacimiento

Antes de que le explique a su hijo cómo fue su nacimiento, le será útil escribir para analizar y, si es preciso, reparar lo que necesita ser curado. No se trata de verter nuestros rencores, sino de compartir con él esta parte de nuestra historia puesto que le concierne. Presentémosle una versión no expurgada, sino digerida. En psicología decimos «perlaborada». Es decir, previamente habremos identificado y vivido las emociones, dotándolas de sentido. El dolor ya no está en bruto, sino que las explicaciones expuestas anteriormente nos habrán permitido elaborarlo un poco.

Escribir

¿Por dónde empezar? Puede escribir todo lo que se le ocurra y ya ordenará las cosas más tarde. Escriba el antes, el durante y el después.

Es posible que la lectura del capítulo sobre el parto le sugiriera imágenes, sensaciones, olores, sentimientos y pensamientos; por tanto, quizá ya ha identificado lo que pudo resultarle más penoso, si es así, pase directamente al punto siguiente.

Si no, plantéese estas cuestiones:

- Para la madre:
  ¿Cómo me sentí?

¿Era consciente, pero consciente de verdad:
1. *De mí misma.*
2. *Del padre de mi hijo.*
3. *De mi bebé.*
4. *De lo que pasaba?*

¿Qué fue lo que más me gustó? ¿Y lo que menos?

¿Cómo viví el dolor?

¿Me sentí bien acompañada?

¿Qué emociones me embargaban? ¿El miedo, la cólera, la tristeza, el amor, el asco? ¿Pude expresar estas emociones, llegué a ser consciente de ellas?

¿Tuve motivos para sentir miedo, tristeza o cólera?

¿El parto se desarrolló tal como yo lo había soñado?

¿Cómo me sentí con mi bebé?

¿Cómo compartí ese instante con el padre de mi hijo?

¿Qué eché en falta?

- Para el padre:
  ¿Cómo me sentí?

  ¿Era consciente, pero consciente de verdad:
  1. *De mí mismo.*
  2. *De mi mujer.*
  3. *Del bebé.*

4. De lo que pasaba?

¿Qué emociones me embargaban? ¿Pude expresar estas emociones, llegué a ser consciente de ellas?

¿Tuve motivo para sentir miedo, tristeza o cólera?

¿Creo haber estado apoyando a mi mujer?

¿Cómo la apoyé? ¿Estuve atento a sus emociones?

¿Cómo me sentí frente al dolor de mi mujer?

¿Cómo me sentí ante el sexo abierto y ensangrentado de mi mujer?

¿Cómo compartimos mi mujer y yo ese instante? ¿Me sentí incluido?

¿El parto se desarrolló tal como yo lo había soñado?

¿Qué fue lo que más me gustó? ¿Y lo que menos?

¿Cómo me sentí con mi bebé?

¿Qué eché en falta?

Tres etapas para curar el pasado

1. Curarse por dentro:
   Una vez haya identificado el miedo, la tristeza o la cólera, escríbalo. Dígaselo a una persona de confianza, a su marido, a

una amiga... Si se le saltan las lágrimas, tanto mejor. Déjelas fluir hasta el final. No necesita guardar estas emociones en su interior. Sáquelas afuera.

Si las emociones son demasiado fuertes, si la herida está todavía abierta, hable de ello con su psicoterapeuta, él le ayudará a curarla.

2. Restaurar la pareja paterna (si es posible):
   Una vez haya efectuado la selección de sus vivencias, ¿por qué no lo comparte con su pareja? En primer lugar, le resultará útil proponerle que haga también el mismo trabajo. Las heridas, los sentimientos reprimidos con ocasión de un nacimiento no sólo perjudican la relación con el hijo, sino también la de la pareja. La relación sexual entre sus miembros puede resentirse por ello. No siempre es fácil atreverse a hablar, y los sentimientos de culpabilidad mezclados con el rencor tienden a levantar barreras entre los cónyuges. Por este motivo, para no juzgar previamente al otro ni a uno mismo, es preferible liberar las propias emociones sobre el papel o, si es necesario, confiárselas a un psicoterapeuta.

   Cuando los sentimientos se han convertido en resentimiento, cuando la carga afectiva es demasiado fuerte, entonces es útil y pertinente que la pareja acuda a la consulta del psicoterapeuta. Si la presencia de un tercero facilita las cosas, ¿por qué desaprovechar este recurso?

3. Hablar con el hijo:
   De nada vale precipitarse. Una vez se haya realizado el trabajo de clarificación y de curación, el momento de reparar la situación con su hijo llegará sin que tenga que forzar las cosas. Puede aprovechar una pregunta que le formule su hijo, un momento de gran emoción, un instante de intimidad provocado por la contemplación de unas fotos, la lectura de un libro, un

programa de televisión, etc. Se trata de que el punto de partida esté marcado por el tiempo y la necesidad del niño y no por sus propias ganas de hablar.

Cuando las emociones pesan demasiado, la presencia de un tercero es deseable. A primera vista, podría parecer que la introducción de una tercera persona sólo sirve para magnificar la importancia de un acontecimiento, pero, en realidad, dicha persona (siempre y cuando se comporte con empatía y se abstenga de emitir juicios de valores) tranquiliza, disminuye los miedos que se originan en torno al intercambio emocional y favorece tanto la expresión como la recepción.

22

Siempre hay tiempo de reparar los errores

A veces los padres consiguen enfrentarse con su propia historia, como hizo Samira: «Como madre, no tuve más remedio que aceptar despedirme para siempre de mi imagen de madre ideal, aceptar la realidad de mi fracaso. Tengo mi parte de responsabilidad sobre el modo como han evolucionado mis hijos. No me resultan gratificantes. No son como yo habría querido que fueran. No pudieron serlo. Nuestra vida no fue nada fácil».

Samira fue muy autoritaria con sus tres hijos y ha reconocido sus errores. Siente no haber sabido mostrarse más tierna y haber sido tan intransigente cuando eran pequeños. Hoy los ha perdido, aunque no del todo. Después de un período de alejamiento, han conseguido acercarse. De hecho, fue ella la que se ha acercado, y habló mucho con ellos: de ellos y de ella. Mirándolos a los ojos, humildemente reconoció su parte de responsabilidad, expresándoles su pesar por no haber sabido actuar de otro modo. Y sobre todo, se ha volcado en ellos. Ha tenido el coraje de valorar en su propio corazón cuánto debieron de sufrir sus pequeños por causa de su autoritarismo. Ya no sigue negándose a aceptar lo sucedido, ni el daño que su proceder les ha causado. Asimismo, les explicó su historia personal. Hoy, su relación con sus hijos es muy buena. A su hija mayor, que no quería ni hablarle ni volver a verla nunca más, ahora le encanta estar con ella.

23

Poner punto final

Ya ha rellenado el «cuestionario» de la página 261. Ya ha reflexionado sobre esos puntos al iniciar su aventura interior. Ahora, cuando está llegando al final de este libro, sería interesante que se observara a sí mismo respecto a las mismas cuestiones. Después de haber anotado sus respuestas, confróntelas con sus primeras respuestas y valore su evolución (siempre con ternura y respeto).

Durante algunos días, observe cuáles son sus reacciones respecto a su hijo:

- *¿Cuánto tiempo efectivo paso con él; es decir, centrado en él, jugando con él, hablándole, mimándolo, etc., sin contar el rato que paso preparando la cena mientras lo vigilo distraídamente cuando hace los deberes?*
- *¿Cómo lo incluyo en mis actividades. Cocinar, limpiar, hacer cuentas...?*
- *¿Cómo lo alimento. Demasiado, normalmente, equilibradamente, con productos biológicos, en un restaurante de comida rápida, cuando él quiere, a horas fijas, sin prestarle demasiada atención...?*
- *¿Cómo lo beso. En las mejillas, en la boca, por todas partes, tiernamente, con la punta de los labios, a todas horas, nunca...?*
- *¿Cómo lo toco. Únicamente para cuidarlo y lavarlo, masa-*

jeándolo, mimándolo, haciéndolo saltar encima de mis rodillas, con brusquedad...?

- *¿Y cómo me siento cuando lo toco. Frío, emocionado, cariñoso...?*
- *¿Cómo percibo sus emociones. Nunca, sólo cuando se ríe, cuando llora no, solamente cuando llora, cuando se enfada no, estoy atento a todas sus emociones...?*
- *¿Cómo reacciono ante sus trastadas?*
- *¿Cómo le digo que no. Torpemente, con miedo a que me deje de querer, o, al contrario, demasiado a menudo?*
- *¿Cómo lo animo para que vaya independizándose?*
- *¿Cómo lo ayudo y cómo lo dejo crecer? (Demasiado, no lo bastante...)? Observo lo que hago en su lugar (lavarlo, cortarle la carne, servirlo, hacerle la cama, arreglarle la ropa), y después me pregunto: «¿Sería capaz de hacer todo eso solo?»*
- *¿Cómo escucho lo que me cuenta de su vida, de sus juegos y de sus amigos. Distraídamente, con interés, brevemente, haciendo otra cosa, detenidamente?*
- *¿Cómo le hablo de mí y de mi vida?*
- *Cómo acepto que crezca y se aleje de mí, que sea diferente de mí?*

Mis puntos fuertes, lo más me gusta de mí en la relación con mis hijos:

Mis puntos débiles, lo que no me gusta de mí:

Situaciones en las que tiendo a sentirme impotente o sin argumentos:

-
-
-

Mis convicciones educativas:

Las de mis padres:

Algunas de mis reacciones típicas ante sus «tonterías» y el incumplimiento de nuestros acuerdos. Ante:

Sus gritos:

Las peleas entre hermanos y hermanas:

Sus negativas:

Sus accesos de cólera:

Su llanto:

Cuando estoy nervioso(a), yo...

Me fijo en tres situaciones o comportamientos de mi hijo que me sacan de quicio:

-
-
-
-

Estoy atento a lo que me sucede en esos momentos:
Me siento...

Tengo ganas de...

Eso me recuerda...

Me gustaría reaccionar del modo siguiente:

Lo más importante que he cambiado:

Lo que eso me aportó y ha aportado a nuestra relación:

Me siento cerca de mí mismo y de mi hijo.

Conclusión

¿Para qué sirve, pues, plantearse tantas preguntas? ¿O es que a los padres no les interesa actuar con espontaneidad? Cada uno sabrá cómo tiene que actuar, pero a condición de que no olvidemos que lo que a veces calificamos de espontaneidad no es más que mero automatismo. Por mi parte, cada vez que logro encontrar la manera de dirigirme a mis hijos sin tener que recurrir a los gritos o los sentimientos de culpa (porque algunas veces aún lo hago), creo que ello me beneficia enormemente no sólo en términos de calidad relacional, sino también en términos de eficacia. ¡Cuánta saliva me ahorro al no tener que repetir veinte veces la misma cosa! Estar atento a las necesidades reales de nuestros hijos, comprender lo que les pasa a ellos y a nosotros, o hablar con ellos con el corazón en la mano es mucho más eficaz que castigarlos y regañarlos. Más aún cuando, por medio de nuestras actitudes educativas, muchas veces provocamos los mismos comportamientos que pretendíamos desterrar.

¿En nombre de qué tenemos que continuar hiriendo a aquellos a los que queremos más que a nadie del mundo? Y aunque es muy posible que no nos critiquen directamente, ya que los hijos tienden a «perdonar» a sus padres, lo que sí es seguro es que se distanciarán de nosotros. Pero sobre todo nos arriesgamos a reprochárnoslo a nosotros mismos en el futuro.

Plantearse preguntas, revisar la propia historia, decodificar sus intervenciones son cosas que, aunque a primera vista parecen requerir mucho esfuerzo, en realidad cuestan menos trabajo que actuar sin pensar en lo que se hace. Nuestros hábitos automáticos no necesitan una atención especial, pero nos salen caros. Sea honrado, hacer la guerra a sus hijos le hará gastar mucho tiempo y energía. Dar órdenes, gritar, reñir, negarles los caprichos, etc., es decir, todos esos juegos de poder que por lo general degeneran en batallas campales, son agotadores. Y además deterioran la imagen que tenemos de nosotros mismos. Porque admitámoslo: para un padre fracasar es muy duro. Ahora bien, aunque un día u otro todos los padres castiguen, peguen, humillen, culpabilicen y desvaloricen a sus hijos, ello no implica que estas prácticas constituyan métodos educativos eficaces.

Observemos nuestros excesos, pero sin juzgarnos, porque son puertas de entrada hacia nuestros recuerdos. Debajo de la bofetada que se da sin pensar, hay una herida; debajo de una palabra demasiado dura, un episodio dramático de nuestra historia, y, debajo de nuestra exasperación, un sentimiento de furor llegado de afuera, o, posiblemente, un acontecimiento relacionado con nuestra situación profesional y social.

«Cuando enfermó de cáncer, lamenté todas las veces que lo reñí y sentí no haber pasado bastante tiempo a su lado. Me arrepentí de haber sido tan exigente y tan poco tierno con él.» Esta frase de André me viene a la memoria cuando me entran tentaciones de gritar a mis hijos. ¡Tengo tanta suerte de que estén sanos...!

No esperemos que sobrevenga una enfermedad o un accidente para darnos cuenta de que la única cosa que verdaderamente cuenta son los vínculos que nos unen a los otros, el amor que compartimos con los demás. El tiempo de la niñez pasa muy rápidamente. Nunca más tendrán cinco, seis, diez o catorce años... De los noventa años que puede durar nuestra vida, sólo pasaremos junto a ellos unos míseros veinte años. Cada instante de felicidad es un instante ganado.

Aunque este libro está lejos de haber agotado el tema, espero que le haya dado algunas pistas de reflexión, y que le haya hecho contemplar desde una perspectiva distinta los problemas que le enfrentan a su hijos; sin embargo, aún le falta lo más difícil y también lo más apasionante: bucear en el inconsciente para ser capaz de encontrarse no sólo sí mismo(a), sino también a sus hijos.

Doy las gracias a:

- Laurent Laffont, quien, hace algunos años, durante un almuerzo, me habló de cuestiones que lentamente irían madurando en mi cerebro y que, finalmente, han tomado cuerpo en este libro.
- Isabel Laffont y Anne-Sophie Stefanini, quienes, por medio de sus exigencias, me hicieron reescribir mi manuscrito hasta convertirlo en la obra que ahora usted tiene en sus manos.
- Mi padre, Rémy Filliozat, que sin cansarse releyó y corrigió las diferentes versiones.
- Ludmilla, por su generosidad en cuanto al tiempo que me ha dedicado y su inteligencia para utilizar las palabras adecuadas en la corrección del manuscrito.
- Olivier Maurel por su trabajo sobre la violencia educativa.
- Todos aquellos y aquellas que me hablaron con toda confianza de sus dificultades en su relación con sus hijos.